falter 45

Brigitte Werner

Zufälle

Das Leben ist wunderbar

Verlag Freies Geistesleben

3. Auflage 2017

Verlag Freies Geistesleben
Landhausstraße 82, 70190 Stuttgart
www.geistesleben.com

ISBN 978-3-7725-2545-2

Die wahre Lebensweisheit
besteht darin,
im Alltäglichen
das Wunderbare zu sehen.

Pearl S. Buck

Danke

Ich möchte an dieser Stelle ein
von Herzen kommendes Danke
all den lieben und besonderen
Menschen sagen, die mein
Leben gekreuzt oder eine Weile
begleitet haben. Aber meine
Dankbarkeit gilt ganz besonders
den vielen Kindern, sie waren
meine Engel ... Und sie gilt dem
Leben. Das einfach wunderbar
sein kann.

Vorwort

Es ist schon ein seltsames, kompliziertes, nicht durchschaubares Spiel, das dieses Leben mit uns spielt. Meistens verrät es uns seine Spielregeln nicht, und so haben wir oft keine Ahnung, wer oder was gerade der Joker ist, die Ereigniskarten bleiben aus, wir ziehen nur Nieten, und so gut wie nie darf man über Los gehen und den Extrabonus einziehen. Und wo bleiben all die Asse? Und trotzdem, trotzdem, es gibt sie, die kleinen und großen Überraschungen. Mein Leben ist voll von ihnen.

Eine große Überraschung war es, dass mich mein Verleger auf der Frankfurter Buchmesse 2013 fragte, ob ich nicht im Lebensmagazin *a tempo* eine monatliche Kolumne für 2014 schreiben wolle. Mein Herz begann zu stolpern, und mein Kopf fing auf der Stelle an, sein volles Programm abzuspulen: *Ha, schrie er, mach das bloß nicht! Das schaffst du doch nie. JEDEN MONAT! PÜNKTLICH! NIEMALS wird dir genügend einfallen, lass bloß die Finger davon. Du kennst dich doch!* Erste Panikattacken krochen mir bis ins Knochenmark. Aber andererseits, jeden Monat eine ganze Seite. Und so viele Leser! (*Du spinnst,* sagte prompt mein Kopf, *wer will deinen Kram schon lesen. Und überhaupt, den musst du erst mal schreiben. Jeden Monat!)*

Ich bat um Bedenkzeit. Ich schlich über die Buchmesse, als hätte ich die Last all der Bücher dort auf meinen Schultern. Eine Kolumne. Herr im Himmel! Eigentlich eine Auszeichnung. Eine Möglichkeit, etwas zu erzählen. Aber was überhaupt? In meiner Aufregung hatte ich vergessen zu fragen, ob diese Kolumne ein Thema haben sollte. Ja, sie sollte. Das Thema war: Zufälle. Na, Herrschaften, selbst mein Kopf war verstummt. ZUFÄLLE!

Besser ging es doch gar nicht. Ich hatte mich schon als Kind mit den großen und kleinen Zufällen in meinem Leben beschäftigt und immer wieder gestaunt, was sie alles an Überraschungen bereithielten. Abends besiegelte ich meine Zusage mit einem Handschlag.

Auf der Rückfahrt ins Ruhrgebiet wurde mir mulmig. Es war Mitte Oktober, und die erste Kolumne musste Ende Oktober im Kasten sein. Für den Januar. Shit shit shit! Die große, düstere, undurchdringliche Schreibblockade nahte mit wehenden Fahnen. *Ich wusste es, ich wusste es doch!*, krähte mein Kopf. Tja, mein Kopf und ich. Wir sind meistens ein sehr unfrohes Gespann. Doch als ich nachts gleich die erste Kolumne schrieb und seltsam froh und stolz und erleichtert war, rutschte die zweite, eine Weihnachtskolumne, gleich hinterher. Sie war eigentlich noch lange nicht dran, Weihnachten 2014 war ja noch in weiter Ferne, aber da passierte etwas Großartiges. Aus allen Ecken und Kanten kamen die Erinnerungen an die wundersamsten Begebenheiten in meinem Leben. Die vorgegebenen Zeichen, das waren circa eineinhalb Schreibmaschinenseiten, waren ebenfalls kein Problem, meine Zufälle fügten sich und waren getippt ziemlich genau diese verflixten eineinhalb Seiten lang, welch ein Zufall.

Und so hatte ich in Nullkommanix eine Handvoll handtellergroße Geschichten geschrieben, und die größte Angst vor Zeitdruck und leerem Kopf hatte sich in Luft aufgelöst. Ich begann, diese Kolumnenreihe zu lieben. Und kam ziemlich mies drauf, als ich alle zwölf im Kasten hatte. Da war es August.

Aber mein Verleger kam mit der nächsten Überraschung. Da die Rückmeldungen wirklich rundum gut waren – ich bekam eine Menge wundervoller Mails –, schlug er vor, aus den Kolumnen ein Buch zu machen. Zwölf waren dafür zu wenig, und so sollte ich noch einige dazuschreiben. Mein Herz hüpfte bei diesem Vorschlag, und mein Kopf füllte sich bereits mit neuen Ideen. Nun sind es fünfundzwanzig Geschichten geworden ...

Und so schlüpften Erinnerungen zurück in mein Leben, die ich alle längst vergessen geglaubt hatte. Es war, als hätte ich den Korken aus einer alten, fest verschlossenen, gut durchgeschüttelten Sektflasche geöffnet, es knallte, es zischte, es sprudelte über, es erfrischte und belebte mich. So sind diese fünfundzwanzig kleinen Begebenheiten zum Staunen entstanden, ich staune sie wirklich selber immer wieder an. Meine Bruno-Geschichte zum Beispiel. Eine Bekannte zeigte mir zwei kleine Bären, die sie im Sperrmüll gefunden hatte und die nun mit ihr nach Südafrika sollten zu ihrem Enkelkind. Frisch gewaschen und reiselustig. Und schon war die Erinnerung an meine Begegnung mit Bruno prall und leuchtend in meinem Kopf, ein paar Stunden später aufgeschrieben, jetzt in diesem Buch unter dem Titel «Späte Liebe».

Ich wünsche so sehr, dass sich auch bei Ihnen, liebe Leserin, lieber Leser, diese kleinen und großen Wunder in jedem Tag tummeln, aber wir müssen immer wieder unsere Augen öffnen, sie blankreiben, die Blickrichtung ändern und uns voller Freude umsehen, am besten mal so richtig im Kreis drehen, und schauen – schauen und erinnern oder neu gestalten. Jeden Tag beginnen, ihn neu zu gestalten, am besten so, wie wir ihn haben wollen. Das erklärt der kleine, immer zerstruppte Hase dem immer wütenden, missmutigen Zauberer Kotzmotz. Und glauben Sie mir, es funktioniert. Na ja, nicht immer. Weil man es immer wieder vergisst. Oh, wie gut kenne ich das! Aber irgendetwas, irgendjemand zupft uns dann am Ärmel und flüstert: Schau hin. Das Leben. Schau hin. Es hat Farben. Es hat Freude. Es hat Liebe. Schau hin. Sei aufmerksam. Sei selber bunt und leuchte, verteile Freude, umarme einen Baum. Versuche es. Lache mit einem Kind. Schaue Schnecken zu. Vergiss den Abwasch. Schau immer wieder hin. Auch Marienkäfer sind zum Wundern. Am besten mit einem Lächeln im Gesicht.

Ja, lassen Sie es uns jeden Tag aufs Neue versuchen. Den Blick zu schärfen für die klitzekleinen Freu-Dinge um uns herum. Und die großen tippen uns dann auch irgendwann auf die Schulter und sagen: Hier bin ich!

Ich glaube daran. Ich habe es erlebt.

Herzlichst, Ihre Brigitte Werner

Opa Leo will durchaus nicht
so sterben, wie ich es mir für
ihn erdacht habe, er hat seinen
eigenen Kopf, aber das Sterben
findet er okay.

Elvis, Bismarck
und Brahms

Was kann einer Schriftstellerin Besseres passieren, als eingeschneit zu sein, einen gut gefüllten Kühlschrank zu haben und den Kopf voll mit Ideen, dazu ein Stipendium, das einem eine gnadenvolle, vierwöchige Schreibfreiheit garantiert?! Ich spreche jeden Morgen ein Dankgebet. Papier ist genügend da, der PC und der Drucker sind arbeitswillig, der Bullerofen glüht, draußen rieselt der Schnee, und die Schlei hüllt sich in ein zartes, weißes Gewand.

Und ich? Ich schreibe unaufhörlich. Keine Störung. Kein Geräusch. Ab und zu das Knacken der Holzscheite, das Rascheln des Papiers, das Rauschen der Gedanken in meinem Kopf. Mein «Jonas-Opa Leo-Buch» wächst, meine Helden sitzen mit mir am Küchentisch, und wir reden, wir beraten, wir verwerfen. Opa Leo will durchaus nicht so sterben, wie ich es mir für ihn erdacht habe, er hat seinen eigenen Kopf, aber das Sterben findet er okay. Der Enkel Jonas will sich erst nicht verlieben, dann doch. Wo kommen plötzlich Elvis, Bismarck und die kleine Dame Frau Krümel und all die anderen Heimbewohner her? Keine Ahnung, sie sind da. Ich rede mit ihnen, ich träume von ihnen, ich wache mit ihnen auf und schlafe mit ihnen ein. Ich rieche die Küchengerüche dieses Altenheims, ich bin erstaunt über den Zivi, der dort hilft und nicht geplant war, ich schreibe und schreibe, der Ofen glüht, mein Kopf glüht, der Stift glüht.

Die Heimbewohner wollen ein Fest. Das ist okay. Das sollen sie haben. Ich höre plötzlich Zarah Leander, Elvis, den skurrilen Heimbewohner mit seiner E-Gitarre, ich höre plötzlich Brahms. Der fünfte ungarische Tanz tobt in meinem Kopf, Elvis und Opa Leo nicken sich zu, umarmen sich und beginnen zu tanzen. Ich liebe diese Musik, ich habe sie früher oft gehört, die Schallplatte ist längst verkratzt und zu Hause im Ruhrpott. Ich beschließe, mir eine CD mit den ungarischen Tänzen zu besorgen. Irgendwann in einer Welt vor meiner Haustür ohne Schnee.

Jetzt, nach dieser Überraschung mit dem Fest, brauche ich erst mal eine Pause. Ich mache mir ein paar Brote und will für einen Moment aussteigen aus meiner Schreibfamilie, ich will reale Stimmen hören, ich schalte den Fernseher an. Ich stehe wartend mit meinem Teller in der Hand vor dem Apparat, das Bild ist schlecht, der Schnee stört den Empfang, es brizzelt und knackst, dann wird das Bild scharf, ein schwarz gekleideter Mann mit wilder Mähne schaut mich eindringlich an, ich starre gebannt zurück, er sieht teuflisch gut aus, aber er dreht sich um.

Er hebt einen Stock, und – ich bin so verdattert, dass die Brote vom Teller rutschen. Ich sehe ein ganzes Orchester, das mich und diesen schwarzen, wilden Kerl anblickt. Und loslegt.

Der fünfte ungarische Tanz erklingt, und ich stehe vor diesem winzigen Fernseher, vergesse die Brote, vergesse, mich hinzusetzen, vergesse zu denken. Ich höre. Ich sehe Opa Leo und Elvis zu dieser wunderbaren Musik tanzen, ich spüre ihre Lebensfreude, ihre Begeisterung. Und als es zu Ende ist, greift meine Hand mechanisch zur Fernbedienung und schaltet den Fernseher aus.

Mehr will ich nicht haben. Mehr wäre zu viel. Meine Schreibfamilie kichert. Opa Leo und Elvis verbeugen sich. Bismarck klatscht, und Jonas ist vor Verwunderung ganz stumm, so wie ich. Die kleine Dame Frau Krümel in ihrem Rollstuhl schaut verliebt an Elvis hoch und errötet, Elvis schaut entzückt zurück. Da grinst Opa Leo sein berühmtes Opa-Leo-Lächeln, das von einem Ohr zum anderen reicht, und seine verschmitzten Augen funkeln.

«Tja», sagt er. «Tja, der Zufall! Er macht, was er will. Und manchmal fällt er einfach ins Haus.» Oder ins Herz, murmle ich.

Und ich bekomme gerade so eine Ahnung von kosmischen Zusammenhängen, von den Synchronizitäten, die C. G. Jung uns erklärt hat, die uns begleiten, die wir aber meistens nicht mitkriegen.

Und als ich ein paar Tage später das Auto freibekomme, auf die Landstraße ins Dorf zum Kaufmann biege, tuckere ich hinter einem Laster her, der in Riesenlettern die Aufschrift LEO trägt.

Ich bekomme große Augen und beschließe, es sofort, wenn ich zurück bin, meiner Romanfamilie zu erzählen. Aber die weiß das schon.

Damals wusste ich noch, trotz
aller Schwierigkeiten, um einen
Ort der Geborgenheit, von dem
ich herkam, zu dem ich zurückgehen würde und nach dem ich
mich stets sehnte.

Von der Schönheit des Augenblicks

Ich schreibe an dieser Stelle über Zufälle und habe keine Ahnung, was sie wirklich sind, ob sie eine Bedeutung haben oder ein Schabernack des Universums sind. Kichert dort jemand, ist es ein Er-Sie-oder-Es? Ich glaube nicht an Zufälle, sagen so manche und entpuppen sich als Esoterikfreaks oder gläubige Menschen. Oder sind sie besonders einfältig?

Als Kind habe ich bereits über diese Begriffe nachgedacht, kindlich ernsthaft, da waren die Zufälle die kleinen oder großen Wunder in meinem Leben. Manchmal auch die kleinen und großen Katastrophen. Und immer diese Fragen: Was wäre gewesen, wenn ich wie immer in gewohnter Weise zur Schule gegangen wäre und nicht diesen kleinen Schlenker durch den Park gemacht hätte ...? Hätte ich dann jemals dieses klitzekleine Vogelnest im Gebüsch entdeckt, das mich auf der Stelle an Gott glauben ließ?

Es gab also Parallelwelten. Ich wusste, dass es sie gab. Direkt um die Ecke. Ich konnte sie erkunden, nachts in meinen Fliegeträumen. Sie waren so echt wie das Tagesgeschehen, unter dem ich meistens litt. Oder waren sie Fluchten, kleine Rettungen? Ich habe keine Ahnung. Je mehr ich über Zufälle nachdenke, umso weniger verstehe ich. Ist es nicht in gewissem Sinn die Basisfrage, der Kern, um den sich diese Welt dreht? Gibt es einen Sinn in unserem Leben? Wenn ja, warum? Und welchen? Oder ist alles ein großer Jux?

Als Kind hatte diese Frage nur eine einzige Antwort. Klar, es musste einen Sinn geben. Wie konnte sonst die Natur sterben und wieder- und wiederkehren? Und klar, irgendeiner oder irgendetwas hatte sich diese Libellenwunderflügel erdacht. Später, in meinem Mathematikstudium, im Seminar über Wahrscheinlichkeitsrechnung, wurde es auf andere Art deutlich. Wie viele «Zufälle» allein wären nötig gewesen, um eine solche Libelle zu gestalten, eine Rose mit diesem Duft, den Flug der Vögel, die geistigen Möglichkeiten eines menschlichen Gehirns, die zudem noch nicht einmal «Materie» sind.

Ich bin kein religiöser Mensch, die Kirche ist nicht mein bester Freund, aber einen großen Sinn, eine große, wissende, kreative Kraft muss es geben. Jedenfalls für mich. Da bin ich sehr gläubig. Und die Zufälle, die ich schon als Kind sehr deutlich wahrgenommen habe, machten mich wach. Sie schärften meine Aufmerksamkeit für die Begebenheiten im Alltag, die ich bestaunen und bewundern konnte. Und die, die ich nicht mitbekommen habe, führten mich immer wieder sehr hartnäckig zu der Frage: Was wäre gewesen, wenn ...? Das wiederum war eine spezielle Sorte von Kopfschmerzfragen. Und es gab jede Menge möglicher Kopfschmerzantworten. Wie viele Wahrscheinlichkeiten gab es da draußen?

Wenn man ein ängstliches, scheues, stilles Kind ist, das nie genau weiß, ob ihm ein gelbblau getupfter Tag oder ein zornroter Tag bevorsteht, gibt es zum großen Glück ein paar Möglichkeiten für ein unauffälliges Verschwinden. Ich schlich mich einfach durch die stets angelehnte Tür davon, die mitten irgendwo in mir drin war und in einen üppigen Garten führte oder in die samtige Dunkelheit zwischen den Wolken, die man mit den Armen zerteilen konnte wie warmes Wasser.

Entdeckt man diese Möglichkeiten zufällig? Entdeckt man sie praktischerweise immer, weil man sie bei der Geburt gleich mitgeliefert bekommen hat? Glaubt nicht jedes Kind an einen sicheren Ort, der ihm vertraut ist, egal ob im Innern oder im Außen? Ich glaube schon. Damals wusste ich noch, trotz aller Schwierigkeiten, um einen Ort der Geborgenheit, von dem ich herkam, zu dem ich zurückgehen würde und nach dem ich mich stets sehnte. Mit dem Ende der Kindheit ging er verloren. Der Verstand, der missliche Richter, gab ihm das Todesurteil.

Doch die Zufälle – diese unglaublichen, aber wirklich und wahrhaftig passierenden Zufälle, die oft mein Leben mitgestaltet haben, manchmal auf geradezu gewaltige Weise –, sie ließen mich immer wieder neu über Sinn und Unsinn des Lebens nachdenken. Sie führten mich zurück zu meiner kindlichen Sicht der Dinge. Und ja, sie lassen mich stets staunen über die Schönheit, die in einem Augenblick stecken kann. Und so werde ich immer wieder wachgerüttelt, um achtsamer durchs Leben zu gehen.

Unachtsam bin ich gerade ziemlich abgeschweift. Doch zufälligerweise wollte ich genau das alles hier an dieser Stelle sagen.

Saß ich – noch schlaftrunken – mit
der ersten lebensrettenden Tasse
Kaffee auf den Stufen meiner Terrasse, so waren sie schon immer
alle auf und erzählten lauthals
ihre Träume und Pläne für den
Tag und den neusten Klatsch
über Spatz Hans und Spatz Franz.

29

Als die Vögel
verschwanden

Ich habe ein kleines Schreibdomizil an der Schlei, das ich mir eigentlich nicht leisten kann. Es hat zur einen Seite den Blick aufs Wasser, zur anderen Seite den Blick in die Felder. Der kleine Garten ist umringt von Geißblatt, wildem Wein, und direkt neben der Terrassentür ufert echter Wein mit echten Trauben übers Spalier. Im Herbst leuchten die Blätter wie kleine Feuer. Meine Stadtwohnung, die zwar schön, groß und hell ist und dazu noch erschwinglich, hat nichts davon. Keinen Balkon, keine Terrasse. Ich throne über meiner Lieblingsbuchhandlung, ich throne über der Hauptpost, dem Finanzamt und über den Buslinien 311, 323 und 66. Keine Vögel weit und breit, ab und zu eine hühnergroße Ruhrpott-Taube.

Die Schleiwohnung ist «voll das Risiko», wie man bei mir in Herne sagt. In meinem Leben bin ich schon ziemlich oft «voll auf Risiko» gegangen – zum Schrecken meiner Freunde. Fand das Risiko seinen besten Unterstützer, das Vertrauen, so ging immer alles gut. Und: Was hatte ich zu verlieren? Im schlimmsten Fall war es eine Verabschiedung, ein Auszug. Aber ich blieb. Ich bleibe immer noch. Na bitte!

Hier habe ich es im Sommer in einem lauschigen Winkel zwischen duftendem Geißblatt und wildem Wein und begleitet von den kleinen Hubschrauber- geräuschen der aufflatternden Spatzen tatsächlich geschafft, den letzten langen Teil meines Mammut- romans zu schreiben. Mit dem Wort ENDE darunter. Ich schrieb daran schon die Endloszeitspanne von sechs Jahren, bröckchenweise, sechs Kinderbücher waren unbekümmert dazwischengetollt, aber jetzt hatte ich für diesen unfertigen Roman ein Arbeits- stipendium bekommen, er musste zu Ende geschrie- ben werden.

Mein Paradies bot mir dafür Ruhe, inspirieren- de Schönheit und Geselligkeit. Das Schreiben ist ja eigentlich immer ein höchst einsames Geschäft, aber hier wurde es beobachtet, kommentiert und begut- achtet von 713 Spatzen, 95 Meisen, den tollkühnen Abendschwalben und von ein paar kreisenden Möwen. Ach ja, das scheue Rotkehlchen und die vier dicken Amseln habe ich vergessen. Sorry, Rotkehl- chen! Sorry, ihr Amseln!

Saß ich – noch schlaftrunken – mit der ersten lebensrettenden Tasse Kaffee auf den Stufen meiner

Terrasse, so waren sie schon immer alle auf und erzählten lauthals ihre Träume und Pläne für den Tag und den neusten Klatsch über Spatz Hans und Spatz Franz. Ich liebe sie! Und natürlich füttere ich sie. Nach kurzer Zeit kannte ich ihre Vorlieben. Und ihre Abneigungen: Harte Haferflocken und Knäcke-brotkrümel waren eindeutig bääh, doch kleine Erd-nüsschen oder zarte Schmelzflocken waren mhhhm! Sie belohnten mich, war ich länger als eine Woche dort, damit, dass sie ohne Scheu ganz nah um mich herumflatterten. Erst wurde immer einer, der Mutigste, meistens auch der Dickste, vorgeschickt, dann kamen die anderen nach. War ich länger nicht da, regnet es die ersten beiden Tage Schimpftiraden von der Dachrinne in meinen Kaffee. Das kenne ich schon. Da muss ich durch.

Doch dann musste ich vier Wochen weg, nach-dem ich zuvor fünf Wochen dort gearbeitet und gelebt und sie geliebt hatte, ich kannte mittlerweile jeden Einzelnen mit Namen und mit seinen Eigen-arten.

Als ich zurückkam und wie immer gleich in den Garten ging, war mein Paradies nicht mehr mein Paradies. Man hatte die Hecken rund um den Zaun ausgemerzt. Der Wein neben meiner Terrassentür war weg. Ordentlich und hässlich stand dafür der nackte Holzzaun am Ende des Gartens.

Ich heulte, ich tobte, ich schrie Morddrohungen und Verwünschungen an die Heckentöter in alle Winde, sodass die Schlei begann, mit mir zu schäumen. Ich war außer mir. Ich kochte einen Kaffee und setzte mich wutblass und fröstelnd in diese kahle Ungeheuerlichkeit. Eine blöde Sonne schien (ich ärgerte mich über ALLES!), und ich schniefte heftig vor mich hin. Ich hörte mein Schniefen so laut, dass ich beschloss, damit aufzuhören. Und da hörte ich, dass ich nichts mehr hörte. Keinen schimpfenden Spatz Hans, keine mich begrüßende Meise Molli, keinen Piep und keinen Möwenpup. Nichts als tödliche Stille. Alle Vögel waren ausgezogen. Woanders hin. Diese drastische «Umgestaltung» ihres Zuhauses war einfach zu viel für sie gewesen. Selbst in den nahen Büschen und Bäumen am Feld war kein Mucks zu hören. Nur von mir ein neues Heulen, Schniefen, Schnauben. Kilometerweit zu hören.

Als aber am Abend die Sterne auftauchten und keine einzige Träne mehr in mir aufzufinden war, hörte ich ihre Sternenbotschaft. Sterne können das. Ich meine, dir eine Botschaft schicken. Du musst sie nur hören.

34

Es war draußen so still, und mein tobendes, erschöpftes Herz machte gerade eine kleine Tobepause, da hörte ich, was zu tun war. Ich hörte es, als es mir gelang (schwierig, schwierig), die Stille draußen zu mir nach innen zu holen. Das dauerte. Aber dann kam ganz klar die Botschaft: Sprich mit den Vögeln. Sie hören dich. Sag ihnen, dass es dir leid tut. Sag ihnen, dass du sie vermisst.

Ich tat es. Ich bat und bettelte, ich versprach eine neue Hecke, gestand ihnen meine Liebe, ich segnete sie, ich hoffte, wartete, betete jeden Tag ... Ich lockte sie mit ihren Lieblingsleckereien, die ich hartnäckig und hoffend auf die Terrasse streute, ich spielte ihnen Mozart vor, den sie genauso lieben wie ich, wie ich einmal entdeckt hatte. Und ich entdeckte die Wiederholungstaste. Mozarts Klarinettenkonzert liebten sie besonders. Das sollten sie haben.

Ich seufzte viel und ich wartete viel.

Am vierten Abend hatte ich Besuch. Auf der Terrasse hörte ich ein Geräusch. «Guten Abend», sagte ein Igel, und ich rannte los und holte etwas von meinem Vogelfutter. Auf Igel war ich noch nicht eingestellt. Aber die Nüsschen für die Meisen waren okay. Ich erzählte ihm alles, ich seufzte und schniefte, er schnaufte und kusperte.

Und er hörte zu. Ich hatte schon lange nicht mehr einen solch geduldigen, aufmerksamen Zuhörer. Als er verschwand, hörte ich ihn murmeln: «Mal sehen, was sich machen lässt ...» Später im Bett gab es ein Dankgebet für den Igel und eine Million Stoßgebete an meine Irgendwovögel, meine unauffindbaren Gesellen, meine Freunde.

Am fünften Tag schien die Sonne. Tür auf, Kaffee kochen, Mozart auflegen, Futter ausstreuen, was Warmes über den Schlafanzug ziehen, ein Gebet sprechen und wilde Lockungen flüstern. Warten. Zurück in die Küche, den Kaffee holen. Beim Zurückkommen nehme ich plötzlich eine flatternde Bewegung draußen wahr. Ich verharre so heftig, dass der Kaffee über die Ufer tritt. Zwei Meisen hocken draußen zwischen den Nüssen. Ein Spatz fliegt hinten über den Zaun. Ich kann nicht erkennen, ob es Hans ist, aber es ist eindeutig ein Spatz. Ich höre ein fernes, zaghaftes Tschilpen. Ich heule Wassermengen in meinen Kaffe, die Schlei wird neidisch. Ich sehe einen weiteren Spatz in Zaunnähe. Das könnte Dagmar sein. Egal, wer auch immer, er oder sie ist ein Vogel, ein Heimkehrer, ein Freund.

«Seid willkommen!», flüstere ich immerzu von meinem Fenster aus. Ich bin vorsichtig und lasse sie

erst mal in Ruhe. Sie sollen Zeit haben zum Neu-
gewöhnen.

Ich könnte niederknien und meine Arme zum
Himmel werfen, aber es würde sie erschrecken. So
flüstere ich nur: «Danke, Sterne! Danke, Igel! Danke,
ihr Vögel!»

Mein Gott, ich bin glücklich.

Ich höre die Haustür ins Schloss
fallen. Dann höre ich NICHTS.
Irgendjemand, ein unsichtbarer
Der-Die-Das schleicht über die
Stufen. Ich beuge mich weit
übers Treppengeländer.

Schlüsselerlebnis

Ich liebe Kinder. Ja, das tue ich. Aber nicht immer. Wenn ich von einer anstrengenden Kindertheatervorstellung nach Hause komme, will ich keins mehr sehen. Hören auch nicht. Ich will in meine ausgebuffte Gammelhose schlüpfen und eine DVD mit der herrlich durchgeknallten Ally McBeal sehen. Vielleicht noch ein wenig über die köstlichen Momente nachdenken, als die Kinder an den genau richtigen Stellen gelacht haben oder betroffen waren. Ich bin kurz glücklich, mache eine Notiz, wenn etwas misslang, und tauche in den Feierabend.

Ja, jetzt muss ich das Gelingen feiern, zwei Stunden Anfahrt, eineinhalb Stunden Bühnenaufbau, eine Stunde mutig gespielt mit mutigen Kindern, mit denen ich die Geschichte improvisiere, die mich nicht kennen und die ich nicht kenne. Und das geteilte Stolzsein, wenn es gelingt. Eigentlich immer. Ich belohne mich mit Lachs-Häppchen, ich fülle mein Weinglas und steuere das Sofa an.

Da klingelt es. Kein Mensch kommt um diese Uhrzeit unangemeldet zu mir in den vierten Stock. Ich habe keine Lust auf Besuch. Aber ich öffne. Ich höre die Haustür ins Schloss fallen. Dann höre ich NICHTS. Irgendjemand, ein unsichtbarer Der-Die-Das schleicht über die Stufen. Ich beuge mich weit übers Treppengeländer.

RUMMS!! Hinter mir fällt die Tür zu. Ich erblasse. Aus-die-Maus. Da stehe ich nun vor meiner Wohnung, bereits im Schlafanzug (!), der Wein wartet, die Häppchen warten und die wunderbar verkorkste Ally. Shit shit shit! Ich fühle mich ein erneutes Mal aus dem Paradies vertrieben ...

Da sehe ich das Kind von nebenan um die Ecke biegen. Es wohnt erst seit ein paar Wochen hier. Es ist ein bleiches, stummes Mädchen. Das keine Augen hat. Die blicken nämlich immerzu nach unten und zerstarren den Boden. Ich warte.

Das Mädchen sieht mich an. Es hat Augen. Du liebes bisschen, ganze Wagenladungen voll Kummer sind darin! Ich erschrecke.

Das Mädchen kann sprechen. «Kann nicht rein», flüstert es, blickt wieder konzentriert auf den Boden und setzt sich auf die Treppe, die zum Dachboden führt.

«Ich kann auch nicht rein», sage ich, zeige auf meine Tür, auf meinen Schlafanzug und seufze: «Zugefallen!»

Die Augen des Kindes schauen angestrengt auf den falschen Marmorboden, dann blickt es auf und flüstert: «Blöd!»

«Sollen wir zusammen warten?», frage ich. «Zusammen warten ist nicht ganz so schlimm», sage ich noch und setze mich neben sie.

Sie rückt etwas weg. Kurz denke ich, sie braucht ungefähr eintausend liebe Arme, die sie halten. Ich traue mich nicht und werde ganz stumm. Wir schweigen in den trüben Hausflur.

Aber dann halte ich das nicht mehr aus und erzähle. Ich rede drauflos, ich berichte von meinem Theaterspiel, ich erzähle die tollkühnen Einfälle der Kinder, ich komme in Fahrt. Ich liebe dieses Stück: *Dornröschen küsst den lieben Wolf.* Ich bin auf der Bühne eigentlich nur die Erzählerin Bibi, aber nun bin ich alles: Koch, Zwerg, Fee, Königin, Prinz und natürlich das Dornröschen. Ich erzähle ihr alle guten Gags, ich muss oft lachen. Es ist ein witziges Stück.

Da merke ich, wie sie plötzlich dicht neben mir sitzt, sie schaut nicht auf, aber sie hört konzentriert zu. Ich mache den treudoofen lieben Wolf nach, der immerzu bettelt: «Schmust du mich?» – und ihre Hand schleicht sich in meine.

Sie ist kalt und sehr klein. Ich werde jetzt so stumm wie der frühe Vogel, der an das blöde Sprichwort mit der Katze glaubt. Ich drücke die kalte Hand zaghaft. Sie drückt zurück.

Wir schweigen.

«Darf ich mal Zwerg sein?», flüstert sie.

«Klar», nicke ich. «Nächstes Mal, wenn ich in der Nähe spiele, nehme ich dich mit, und du bist der Zwerg.»

«Welcher?», fragt sie.

«Welcher?», frage ich zurück. In dieser Geschichte gibt es nur den einen. Ich schlage vor, dass die anderen gerade alle bei Schneewittchen die Wäsche aufhängen.

Sie nickt ernst.

Unten geht die Haustür, ihre bleiche, dünne Mutter kommt und zieht sie in die Wohnung, sagt höflich «Danke».

Das Mädchen schaut nicht zurück, aber eine Hand winkt kurz.

Später sitzt sie immer mal wieder blass und stumm auf der Treppe. Dann setze ich mich dazu.

Sie heißt Lea. Und sie wollte dann doch kein Zwerg sein. Lieber die gute Fee.

Meine gute Fee war die Nachbarin unter mir,

die meinen Ersatzschlüssel hatte. Und auf Ally McBeal hatte ich keine Lust mehr. Die sanfte Stimme von Chet Baker und mein Sofa passten nun besser zusammen.

Er war ein begnadeter Tangotänzer, mit seinen schwarz-
weißen Pfoten durchschlich er in
leichtfüßiger Eleganz die Tiefen
der Nacht.

Oskar, mon amour

Er war besonders. Von Anfang an. Er stahl sich in mein Leben, nahm darin Platz und blieb. Niemand wusste, wo er herkam. Und dass er ein Kater war, merkte ich auch erst nach einer Woche. Ich war voll auf Kätzinnen programmiert. Deshalb hieß Oskar eine Woche lang Minka. Bis ich zwei seltsame Knubbel unter seinem Bauch entdeckte, die mich das Schlimmste befürchten ließen. Meine Mitbewohnerin bekam einen Lachanfall und ich eine Belehrung. Ich musste von nun an mit einem kastrierten Kater leben.

Ich nannte ihn Oskar. Das fand er okay. Er hatte Mundgeruch und ein Herz so groß wie der ganze Ruhrpott. Er konnte jede Tür öffnen und sich unsichtbar machen oder in seiner ganzen Pracht und Herrlichkeit die Herzen der stolzesten Katzenschönheiten brechen. Er wurde später der Kabulski für mein Kinderbuch, darüber kann er nur grinsen. Er war ein begnadeter Tangotänzer, mit seinen schwarz-weißen Pfoten durchschlich er in leichtfüßiger Eleganz die Tiefen der Nacht.

Ich hätte mir niemals Sorgen um mein leibliches

Wohl machen müssen – mit Tauben und Kaninchen wäre ich über die Runden gekommen. Er meditierte gemeinsam mit mir und meinen Freunden, wir lasen eine Unmenge von Büchern zusammen, er legte sich demonstrativ über jedes Manuskript, hatte ein Dutzend Bratkartoffelverhältnisse in unserem Viertel, weil er mühelos eine schwangere Katzendame vortäuschen konnte – sein Bauch war nicht zu übersehen. Ging er majestätisch übers Zechengelände, so wetteten die Kumpels, dass er irgendwo einen kleinen Helm versteckt hatte. Denn er war Cheffe. Immer und überall.

Die Hunde machten einen weiten Bogen um ihn. Und selbstverständlich kümmerte er sich um Philipp, den kleinen, sehr kranken Kater, den er eigentlich nicht leiden konnte, setzte sich hinter ihn, umarmte oder besser umpfotete ihn und leckte ihn gründlich sauber, denn Philipp war zu schwach, um es selbst zu tun. Was Oskar eine Weile später nicht daran hinderte, ihn gründlich zu verkloppen, als der sich, nun wieder munter, zu weit in sein Revier gewagt hatte. Er zog dreimal mit mir um, er liebte mich, so wie ich war, mit all meinen schrägen Macken und meinen Bad-hair-days. Er liebte mich ohne Wenn und Aber, er teilte das Bett mit mir – na ja, ich durfte es mit ihm teilen. Und er teilte all meinen Kummer, damals eine ganze Menge. Und wenn ich froh war, schnurrte er, was das Zeug hielt. War ich krank, wich er nicht von meiner Seite, verließ er mich irgendwann, wusste ich, dass nun das Schlimmste vorbei war. Doch dann wurde er krank. Und nun teilte ich die Krankheit mit ihm.

Wir litten zusammen, aber ich konnte ihm nicht helfen. Er verkroch sich in der dunkelsten Ecke unter meinem Bett, ich lag auf dem Teppich davor. Als er starb, gab es nur schwärzestes Schwarz in mir. Ich begrub ihn im Garten. Jeden Tag stolperte ich mehrere Male über ihn in meiner Wohnung, ich sah ihn um die Ecken kommen und redete mit ihm. Ich war nicht bereit, ihn gehen zu lassen. Er war meine große Liebe.

Als ich ein paar Tage später in der Stadtbibliothek Bücher ausleihen will, liegt neben dem Besucher-PC ein Buch. Bücher dürfen da nicht liegen. Die muss man zurück ins Regal stellen. Ich bin kein besonders ordentlicher Mensch, aber Büchereien sind mir heilig.

Ich nehme es in die Hand. Ich sehe Zeilen mit Bleistiftunterstreichungen. Ich bin empört und suche einen Radiergummi. Ich will radieren und lese:

Es gibt Tiere, die zu uns Menschen eine tiefe See-lenverbindung aufbauen. Wir werden sie wieder treffen. Im Jenseits warten sie auf uns. Sie werden dort weiterhin ihre Liebe mit uns teilen ... Liebe geht niemals verloren ...

Die Worte sind von White Eagle. Ich kenne ihn. Ich bin gerade auf meinem Eso-Trip, der mich später in die Spiritualität führt. White Eagle verehre ich. Ich lese diese Zeilen mit großen Augen. Ich schaue mich um. Wer hat dieses Buch dort liegen gelassen? Wer hat diese Worte für mich markiert?

Die Unterstreichungen habe ich nicht ausradiert. Irgendjemand wird sie brauchen.

Als ich ihren Mann betrachte, der üppig und herablassend in die Kamera blickt, beugt sie sich zu mir. «Renate, Kindchen», flüstert sie, «ich verrate dir etwas, was er nicht weiß ...»

Der Tag,
als ich Renate wurde

Eigentlich fahre ich mein Altpapier immer zur Goethestraße. Und eigentlich büxt Frau Rosenzweig immer in den Stadtgarten aus, der nahe ihres Seniorenheimes liegt. Aber an diesem Tag ist es anders.

Ich parke mein gut gefülltes Auto am Westring und sehe eine alte Dame sehr nah am Rand des Bürgersteiges der sehr befahrenen Straße stehen. Mir stockt das Herz. Ich rase los, halte sie an ihrem Arm fest und bin erschrocken, wie dünn er ist. Die gepflegte alte Dame blickt verwirrt. Ihre Füße stecken in Pantoffeln.

Es ist ein sehr kühler Tag. Ich fröstle. Die Pantoffellady zittert in ihrer dünnen Seidenbluse. Sie schaut mich aufmerksam an. Ihre Augen sind weise und kindlich zugleich. Als sie lächelt, wachsen Falten in ihr Gesicht.

«Renate», haucht sie. Sie drückt mich federzart an ihre Brust. «Wie schön, dass du gekommen bist ...» Sie blickt sich um und fragt: «Waren wir schon einmal hier? Weißt du, ich bin ein bisschen vergesslich geworden.» Sie kichert kokett und erwartet Protest.

Ich überlege blitzschnell. Da sie mich zu kennen glaubt, kann ich sie nicht siezen. Es würde sie noch mehr verwirren. Ich führe sie zum Auto.

«Komm», sage ich, «wir fahren eine Runde.»

Sie steigt artig ein und zieht ihren Rock glatt.

«Wohin möchtest du?», frage ich, in der Hoffnung, dass ich ihre Adresse erfahre.

«Ach, Kindchen», flüstert sie, «du weißt doch, in Marburg ist es am schönsten.»

Ich schlucke. Marburg ist weit weg. Und ohne Frage ist sie nicht mit diesen Pantoffeln von Marburg nach Herne gelaufen. «Weißt du», sage ich, «ich bin auch schon ganz vergesslich geworden. Ich habe sogar vergessen, wie du heißt.»

Sie blickt erschrocken in mein Gesicht. Dann lächelt sie. «Wirklich?», sagt sie fast frohlockend, und: «Ich bin doch deine Tante Ida.»

Ich strahle. So eine Tante wollte ich schon immer haben. Ich erfinde eine Geschichte, damit sie mehr verrät. Das kann ich gut. Das Talent für geschickte Fragen hatte ich schon als Kind. Es ist sehr hilfreich, wenn man es liebt, Geschichten zu schreiben und Geschichten zu erfahren. Und: Es klappt. Ich liege richtig. Die Dame Ida wird im Seniorenheim am Rand der Stadt vermisst. Man hatte sie wie immer im nahen Stadtpark gesucht.

Ihr hübsches Zimmer hat eine Menge gerahmter Fotografien. Ich entdecke Renate, sie ist eindeutig hübscher als ich. Alle Fotos erzählen viel über die Geschichte von Ida Rosenzweig. Ihr verstorbener Mann, ein jüdischer Richter, hatte den Krieg in Amerika überlebt und war dann nach Deutschland zurückgekehrt. In Marburg hatten sie geheiratet. Sie zeigt auf die gemeinsamen Kinder, auf David, Aron und Sarah am Strand – jung und unglaublich schön. Sie erzählt und erzählt, und ich werde zu einer Jägerin, einer Sammlerin. Ich habe ein untrügliches Gespür für Geheimnisse.

Ida hat auch eins. Als ich ihren Mann betrachte, der üppig und herablassend in die Kamera blickt, beugt sie sich zu mir. «Renate, Kindchen», flüstert sie, «ich verrate dir etwas, was er nicht weiß ...»

Meine Ohren werden zu Radarschüsseln.

«Ich war jung und dumm und er ein Hohlkopf, immerzu nur mit sich selbst beschäftigt.» Sie schweigt.

Mir kommt ein Verdacht. «Und der andere, war er schön?», frage ich.

«Sehr schön», kichert sie und drückt meinen Arm. «Herr Wronski war charmant. Und schön!»

Ich schlucke. Was läuft hier gerade ab? Ich kenne auch einen Herrn Wronski, aber woher? Der Name kreist in meinem Kopf. Sollten wir doch auf irgendeine Weise miteinander verbunden sein? Ich grüble und grüble.

Beim Abschied sehe ich auf dem Tisch ein sehr zerlesenes Buch liegen – *Anna Karenina*, erkenne ich. Und verstehe:

Graf Wronski hat also auch ihre lieblose Ehe verschönt.

Beschenkt mit einer Tante, einer Idee für eine Kurzgeschichte und mit David, Aron und Sarah, die nun ein erfundenes Leben in meinem damals begonnenen Roman *Crazy Dogs* führen, fahre ich nach Hause.

Wie gut, dass Ida an diesem Tag keine Lust auf den Stadtgarten hatte! Und wie gut, dass ich zum Container an den Westring gefahren bin!

Dass ich dann Mondaugen
habe und Kiemen, dass ich dann
schwerelos bin und ein sanftes
und wildes Element genieße,
dem ich vertraue und das mich
beglücken kann in jeder Zelle, wie
soll ich das erklären?

Mondaugen

Bin ein paar Tage nicht zu ereichen, keine E-Mails, kein Handy, hatte ich meinen Freunden gemailt. Das wurde akzeptiert, weil man glaubte, ich würde konzentriert an einem neuen Buch arbeiten. Ja, das würde ich. Wenn, ja wenn sich eine Idee irgendwo im morgendlichen Schlei-Nebel zeigte. Mein Schreibort an der Schlei im Norden Deutschlands war zu meinem Schreibparadies geworden. Jetzt aber war er eher die Vorhölle für mich: Keine Idee weit und breit.

Ich versuche es dann immer mit meinem ältesten Trick, ich bitte alle Musen weit und fern und meine engsten Musenengel, ja, ich glaube an so was, sie sollen mir bitteschön endlich die erlösende Idee schicken, in welcher Form auch immer, es kann eine beiläufige Bemerkung sein, die ich beim Metzger aufschnappe, eine Songzeile aus dem Radio oder eine Passage aus einem der vielen Bücher, die ich manchmal gleichzeitig lese auf der Suche nach Spuren, ein Fernsehheld könnte sie aussprechen oder eine längst vergangene Erinnerung würde wie eine kleine Blase in meinem Kopf zerplatzen. Dann wäre sie da, die Idee, die ich brauche.

Eine große Unruhe würde mich erfassen. Und es war nichts weiter zu tun, als sich hinzusetzen und zu beginnen. Immer, immer schreiben sich dann meine Texte von allein, es ist für mich jedes Mal wieder ein gewaltiges Ereignis, die fertigen Zeilen zu lesen, zu staunen, sich zu wundern, glücklich zu sein.

Die anschließende Überarbeitung ist ein lustvolles Tun, ich liebe es, danach genüsslich die Zeilen zu überdenken, sie oft nur in Kleinigkeiten zu ändern, umzuformen, neue, bessere Metaphern zu finden als in dem ersten Guss. Ich liebe beides, das Herausströmen und das überarbeitende, zögernde, genaue Abtasten der Sprache auf ihre Stimmigkeit. Es ist so etwas wie das festere Anziehen eines losen Fadens oder das Austauschen eines Musters gegen ein leuchtenderes, vielleicht auch mal gegen ein düsteres im Sinne der Geschichte. Auch Knöpfe kann ich noch anschließend annähen oder Knopflöcher verschließen und einen Reißverschluss wählen. Auch werden immer mal wieder ein paar Reihen aufgeribbelt.

Ich fühle mich nach dem Herausströmen, als tauchte ich nach einer langen Zeit unter Wasser wieder an die Oberfläche meines Lebens. Das Wasser hatte mir Kiemen gegeben, Flossen, Schlingarme,

Schuppen, die glatte, starke Haut der Delfine oder das Samtfell eines unbekannten Wasserwesens. Und immer dieses besondere Gleiten in einer fremden, vertrauten Welt, mit seltenen Gewächsen und klagenden oder leise singenden Tönen, mit Mond- und Sonnenfarben, mit Sand, Geröll und scharfen Kanten. Es war ein Sich-Wiegen im Wasser mit schwerelosen Pirouetten, gedehnten Saltos, Überschlägen, ein Sich-Winden und Wenden, ein Kreiseln, ein sanftes Auf und Ab oder ein Dahinzischen in einer gewaltigen Strömung, ein Jauchzen, ein Stöhnen, ein Seufzen, ein lebendiges Feiern, ein lebendiges Sterben, ein Wiederauferstehen, um neu zu gebären und zu zeugen. Ja, Sie merken gerade, dass ich geradezu rauschhaft werden kann ...

Und dann das langsame, zögerliche Auftauchen – fremd sein, leer sein und seltsam übervoll. Das erste Atemholen über dem Wasser, die vertrauten Lungen, das vertraute Zimmer, das ich fast ungläubig wiederfinde in dieser immer noch bestehenden Welt, die sich nur eine kleine Weile ohne mich weitergedreht hat, die nur ein kleines Stückchen entfernt neben meiner Parallelwelt rund und gemächlich um sich selber kreiste.

Ich war wieder zurück.

Ganze Bücher habe ich auf diese Art geschrieben. Und halte ich eins frisch gedruckt endlich in meinen Händen, dann lese ich es von der ersten bis zur letzten Zeile mit großer Fremdheit und Faszination, weil ich nicht mehr weiß, wo all diese Worte, Figuren, Orte und Gefühle hergekommen sind. Wo haben sie die ganze Zeit geschlummert, wo haben sie sich zusammengefügt zu einer Geschichte mit Freude und Hoffnung und Verzweiflung und ihrer Auflösung? Wo?

In jedem Interview werde ich gefragt, woher ich meine Ideen nehme. Ich schüttle dann stets den Kopf, rekonstruiere die Ausgangsidee, diese bestimmte Songzeile oder die Aufschrift auf einem Lieferwagen vor mir auf der Autobahn, aber alles andere war aus mir herausgeflossen aus einem Ort, der irgendwo in mir herumtrieb, an den ich dann andockte, der mir wie ein Füllhorn erscheint, nie leer werdend. Ja, so erkläre ich das. Und alle nicken und scheinen zu verstehen.

Dass ich dann Mondaugen habe und Kiemen, dass ich dann schwerelos bin und ein sanftes und wildes Element genieße, dem ich vertraue und das mich beglücken kann in jeder Zelle, wie soll ich das erklären?

In einer Lesung aus einem meiner Kinderbücher, die ich vor einer Schulklasse hielt, wollten die Kinder wissen, wieso es in dieser Geschichte ein Hase und wieso es ein Zauberer war, und ich gab zu, ich wisse es nicht. Die Kinder wurden stumm.

Ein stämmiger Junge, der kaum seine Augen vom Tisch hob, murmelte etwas. Die gereizte Lehrerin (warum war sie gereizt?) sagte in scharfem Ton, er solle lauter sprechen, falls – und sie betonte das *Falls*, als ob sie es auf keinen Fall glauben würde – falls es zur Sache gehöre. Zur Sache: Was war denn hier die Sache?

Der Junge schaute auf und blickte kurz mit flatternden Lidern an der Lehrerin vorbei in meine Augen. «Das kommt von woanders», sagte er leise. Die Lehrerin schüttelte unwillig den Kopf. Der Junge verstummte, und es schien mir, als würde er sich verschatten, ein Versuch, sich unsichtbar zu machen. «Woanders», kicherten die Kinder. Sie konnten ihn nicht besonders leiden, das fühlte ich.

Ich stand auf, ging die zwei Bankreihen zu ihm und beugte mich hinunter. «Weißt du», flüsterte ich, «du hast recht. Es ist ganz woanders. Aber es ist auch in mir drin. Ein sicheres Versteck, weißt du. Da darf man nicht jeden hineinlassen.»

Er hob seinen Kopf gerade so, dass ich verstand, dass er zuhörte.

«Ob du es glaubst oder nicht», flüsterte ich nah an seinem Haar, «ich bekomme dann Mondaugen und Flossen, mein Herz ist eine Seeanemone, und die Wörter sind kleine, flitzende, leuchtende Fische.»

Er nickte ein kaum wahrnehmbares Nicken, das nur mir gehörte, und ich drehte mich zurück zu meinem Stuhl.

Als irgendwann alle die Klasse verließen, nahm ich mein Buch und schrieb dort hinein:

Für dich allein, weil du weißt, wo das ist, wo man Mondaugen hat ...

Ich unterschrieb und steckte es blitzschnell in seine Schultasche, als die Lehrerin noch die Tafel säuberte.

Auf der Rückfahrt ertappte ich mich dabei, dass ich immer wieder das Wort *Mondaugen* flüsterte. Wie kam ich nur zu diesem Wort?

Und ich weiß nicht mehr, wer
damit begann. Irgendwer fing
damit an. Der Klang der Trommel
war gut, satt und voll. Einige
klatschten mit. Andere standen
auf, fanden ihre Trommel und
fielen mit ein in diesen Rhythmus.
Ich traute mich lange nicht.

Hast du Töne

Ich stehe auf der Bühne, Schweiß läuft mir übers Gesicht, ich singe mir die Kehle wund, ich singe wie
Janis Joplin, Nina Simone und Amy Winehouse zusammen. Ich bin großartig. Meine Jungs hinter mir
geben alles, wir sind ein einziger wuchtiger, kolossa-
ler Klang, wir sind einsame Klasse. Der Song ist zu
Ende, in mir rauschen die Töne noch nach, ich will
mich verbeugen – da werde ich wach. Ich finde mich
eine Weile in mir nicht zurecht. Ich höre noch die
Noten, ich weiß noch den Text, ich fühle mich immer
noch wie berauscht, aber der Traum verblasst wie die
Nacht in den Tag vor meinem Fenster.

Dieser Traum und dieses absolute Hochgefühl
sollten mich noch lange begleiten. Es war weniger
mein gekonnter Gesang, der mich nachhaltig be-
eindruckte, es war das ungemein beglückende Gefühl des Zusammenspiels gewesen, das mich un-
vorstellbar getragen und alles aus mir herausgeholt
hatte. Immer wieder betone ich in Gesprächen mit
Freunden, dass ich im nächsten Leben Musik machen werde. Entweder Gesang oder ein Instrument,
am liebsten Akkordeon. Oder Saxofon. Oder doch

lieber Klarinette? «Dann mach es doch einfach jetzt», sagen sie. Und haben irgendwie recht.

Klar, das könnte ich tun. Ich weiß, ich bin musikalisch. Ich höre jeden falschen Ton. Ich singe gerne. Aber der kleine Tick mehr, der, der darüber hinausgeht, fehlt mir. Den hab ich nur beim Schreiben. Und da ist es wunderbar und trägt mich. Das Schreiben macht mich glücklich. Ja, das tut es. Aber es ist ein einsames Tun. Nun, beim Schreiben selber denkt man in keinster Weise darüber nach, man macht es einfach. So einfach ist das. Und wenn es fließt, man ganz bei und in sich selbst ist, kann man das mit keinem anderen Gefühl vergleichen. Es ist ein köstlicher, ein kostbarer Moment. Ein Moment der Stille. Ein Moment großen Getöses. Ein unbeschreiblicher Moment. Aber ich teile ihn nicht. Der Moment des Teilens, der kommt beim Musikmachen dazu.

Einmal, einmal durfte ich ihn erleben. Es war im Mai vor vielen Jahren. Das Ruhrfestspielhaus in Recklinghausen hatte seinen großen Tag mit einem großartigen Programm. Und unser Kindertheater war mit dabei. Dabei waren auch andere Künstlerfreunde, die dicke, farbige Luftschläuche zu seltsamen Riesengebilden aufbliesen und in dem luftigen Zwischenraum eine Pyramide aus Mülltonnen aufbauten, deren Öffnung keinen Deckel, sondern eine kräftige Haut aus Lutte hatte, diesem starken Plastikgewebe, aus dem die Belüftungsschläuche der Kumpels unter Tage waren. Das ergab eine große, wunderbar klangvolle Trommel. Mindestens fünfzehn Trommeln waren zusammengefügt und sollten später die Besucher animieren, drauf rumzukloppen, wie man im Ruhrpott so schön sagt. Wir waren alle früh angereist, das Wetter war maienhaft sanft und mild, die grünen Hügel rund ums Festspielhaus leuchteten im Morgenlicht, und als alles aufgebaut war, saßen wir erwartungsvoll zusammen auf dem noch leeren Gelände mitten auf der Wiese in dem Luftgebilde und frühstückten unsere mitgebrachten Stullen, der Kaffeebecher kreiste, es wurde nur wenig geredet.

Und ich weiß nicht mehr, wer damit begann. Irgendwer fing damit an. Der Klang der Trommel war gut, satt und voll. Einige klatschten mit. Andere standen auf, fanden ihre Trommel und fielen mit ein in diesen Rhythmus. Ich traute mich lange nicht. Ich kenne mich da gut. Ich bin eine elende Dumpfsocke, wenn ich so drauf bin. Immer diese blöde Angst, was falsch zu machen. Aber irgendwann war der Rhythmus so fordernd, dass ich mir die letzte Trommel schnappte und es vorsichtig versuchte. Langsam, nur ein paar Schläge dazwischensetzend. Rhythmusgefühl habe ich ja. Na bitte, das klang gut. Es fügte sich, ohne Frage. Dann nur noch hören. Dann nur noch fühlen. Dann ein einziger, webender Klang sein, der Klang selber sein, unendlich sein, unendlich groß und schön sein – dann nichts mehr sein. Weil mein Kopf, der elende Verräter, plötzlich ausstieg, er war zu überwältigt, er brach aus, und ich stolperte aus dem Rhythmus. Es war vorbei. Ich war wieder draußen. Aber ich hatte ihn erlebt, diesen Moment.

Ich. Hatte. Ihn. Erlebt.

Ich setzte mich auf die Wiese und hörte zu. Ich war für kurze Zeit dem Himmel sehr nahe gewesen. Das reichte fürs Erste. Aber seitdem nagt da diese Sehnsucht in mir. Ich will ihn wiederhaben, diesen Moment. Ja, das will ich. Und hin und wieder bekomme ich ihn auch, wenn ich Musik life erlebe oder wenn bei den Jam-Sessions improvisiert wird, dann fühle ich ganz genau, wenn er sich dort oben auf der Bühne vorbereitet, wenn die Musiker mit ihrer Seele in die Musik gleiten und immer enger zusammen sind, sozusagen eins werden. Ich darf daran teilhaben. Es ist ein Geschenk.

Damals, in Recklinghausen, kam eine alte Lady zu mir auf die Wiese, sie war einer der ersten Gäste, und fragte, wann wir denn auftreten. Es habe sie schwer beeindruckt. Mich auch, flüsterte ich. Und dass wir das gerade doch einfach nur so ... Sie nickte freundlich. Sie hatte es auch gespürt. Wir lächelten uns zu.

Das Wunderbare beim Schreiben ist natürlich, dass man sich jeden Wunsch erfüllen kann. Ich warte nicht aufs nächste Leben. Ich schreibe einen Roman – und Mirjam tut es. Sie macht es einfach. Sie singt den Blues, und es verändert sie. Es macht sie stärker und gibt ihr Mut.

In diesem Leben singe ich mit ein paar Freundinnen zusammen. Und wir sind großartig. Ohne Bühne. Nur mit einem Glas Rotwein. Und Herzensfreude. Das kann schon reichen. Und ja, das tut es.

Ich fand wahre Wunder für meine Hippie-Garderobe, völlig absurde Mützen, die mich ab sofort königlich aussehen ließen, das Gelächter zu Hause habe ich hartnäckig ignoriert.

Späte Liebe

New York. Goldener Oktober. Mitten in der gewaltigen Stadt ein kleiner Park mit jungen Farbigen, die
riesige Ghetto-Bluster auf ihren Schultern tragen
und fast schwebend durchs Herbstlaub gleiten. Ihr
sanfter Blick, ihr weißes Lächeln haben mich sofort
für sie eingenommen, ihre eleganten Bewegungen
voller Grazie sowieso. Und um sie herum eine Hor-
de hemmungsloser Streifenhörnchen, die über die
Wiese jagen, den tobenden Hunden eine lange Nase
zeigen und einem alles aus der Hand klauen, was irgendwie essbar ist.

Ja, New York im Herbstlicht hat mich verzaubert.
Und mir ein glücklich gebrochenes Herz beschert. Er
hieß Bruno. Keine Ahnung, warum. Ich wusste es einfach, als ich ihn zum ersten Mal sah. Es war einer dieser kleinen Läden in Greenwich Village, zu dem man
ein paar Stufen hinuntersteigen musste, das Licht war
schummerig dort unten, und es roch muffig. Aber
oben an der Tür hatte mich ein knallbuntes, einladen-
des Plakat angelockt: SECOND HAND.

Ich fand wahre Wunder für meine Hippie-
Garderobe, völlig absurde Mützen, die mich ab sofort

königlich aussehen ließen, das Gelächter zu Hause habe ich hartnäckig ignoriert. Ich fand einen alten, zauberhaften Lackkoffer. Und ich stieß auf Bruno.

Zuerst merkte ich nur, dass er mich beobachtete. So etwas merke ich. Immer. Ich drehte mich um. Aber da war niemand. Ich schaute in den nächsten engen Gang, der war leer. Ich ging zurück, kramte in den Büchern, da kann ich alle Zeit vergessen. Und da war er wieder, dieser besondere Blick. Jetzt wurde mir unbehaglich. Ich tat so, als wäre ich sehr in einen Prospekt über Laurie Anderson vertieft, und drehte mich blitzschnell um, den Moment der Überraschung nutzen wollend. Nobody. Nobody anywhere. Das konnte, verflixt noch mal, nicht sein. Als mein suchender Blick aufs Regal gegenüber fiel, spürte ich eine seltsame Unruhe und eine große Gewissheit. Da war jemand. Und dieser Jemand beobachtete mich. Ja, tatsächlich. Da saß Bruno, ein kleiner, graubrauner Bär mit feuerroten Knopfaugen, mit einem kindlich runden Bauch, und blickte mir bis auf den Grund meiner Seele.

Ich musste schlucken. Niemals war bisher ein Bär in meinem Leben vorgekommen, obwohl ich mir als Kind nichts sehnlicher gewünscht habe. Es gab Puppen, hässliche Puppen mit harten Körpern, aufgemalten Haaren und hochnäsigen Gesichtern. Ich mochte sie irgendwie alle nicht. Aber ein Bär kam meiner Mutter nicht ins Haus. Ein Bär war was für Jungs. Und da saß nun Bruno. Er hatte in diesem Regal all die Zeit hartnäckig auf mich gewartet und wollte mit. Er maß stolze fünfundzwanzig Zentimeter, hatte die beeindruckendsten Bärenaugen, welche die Welt je gesehen hatte, war mindestens so alt wie ich und der beste «Liebhaber» aller Zeiten.

Als ich ihn kaufte und ihn von da an in meinem Herzen wohnen ließ, begleitete er mich lange Zeit überall hin. Ich trug ihn durch New York in meiner Manteltasche, er konnte gerade so eben hinausblicken mit seinen Feueraugen. Und er sorgte für allerhand Aufregung und Kommunikation. An der Ampel, auf dem Markt, in den Riesenkaufhäusern brachte er die Menschen zum Lächeln, manche blieben stehen und fragten, wie er hieß. Die Kinder sowieso. Und ich sagte stolz: «Bruno. Bruno mit den Feueraugen.» Ich wollte das nicht übersetzen, es klang im Deutschen besser. Ein Kind wollte Bruno eine Weile tragen, und die Mutter und ich gingen ein paar Minuten gemeinsam die Straße weiter und tauschten unsere Adressen. Immer mal wieder kommt Post aus New

York. Im Flugzeug war die Stewardess hin und weg. Sie fragte tatsächlich, ob es Bruno auch gut ginge. Es ging ihm fantastisch. Er brummte vor Behagen. Ich fiel vor Schreck fast vom Sitz. Ich hatte bis dahin nicht gewusst, dass Bruno brummen konnte. Drückte man auf seinen Bauch, aber nur an einer bestimmten Stelle, dann brummte er bärenmäßig wohlig, als hätte man ihm ein Glas Honig geschenkt.

Heute sitzt Bruno auf dem Bücherregal meinem Bett gegenüber. Immer noch spüre ich sehr genau, wenn er mich prüfend anblickt. Er will wissen, warum ich schon wieder in Problemen stecke. Keine Ahnung, warum, seufze ich, hole ihn zu mir ins Bett und nehme ihn in den Arm. Für eine kleine Weile ist die Welt wieder in Ordnung.

So kann's gehen, wenn man einen Bären namens Bruno im Haus hat. Bruno mit den Feueraugen. Aus New York.

Dann geschah dieser köstliche
Moment, dass ich das Haus
verließ und plötzlich draußen
über unsere Straße flog, mühelos,
geräuschlos, die Höhe konnte
ich mit Bein- und Armschlag
verändern.

Vom Fliegen
und Fallen

Ich habe mich natürlich nie gefragt, ob das alle können. Klar konnte das jeder. Aber irgendwie wusste ich schon damals, dass ich besser nicht danach fragte. Erwachsene waren komische, unberechenbar seltsame Wesen, die mir manchmal große Angst einflößen konnten. Ich war ein sehr stilles Kind, mit einem Rucksack voller Ängste, man wusste ja nie ...

Aber sehr oft nachts geschah es, dass sich mein schmächtiger Kinderkörper im Bett streckte, sich seltsam in die Länge zog und bis ins Universum hinauswuchs. Und statt schwerer und schwerer zu werden, wurde er seltsam leicht. Bewegte ich nur ganz vorsichtig meine Fingerspitzen, so konnte es geschehen, dass ich von meinem Bett abhob, das war genau der Augenblick der Gewissheit, dass ich es konnte. Ich konnte *fliegen*.

Fliegen war gar nicht so schwer, ich musste nur ganz zarte, leichte Bewegungen mit den Händen, auch mit den Beinen machen, und so glitt ich immer höher und höher, ich drehte mich dabei wie ein spielender, übermütiger Delfin im Wasser, hatte aber damals bestimmt noch nie etwas von Delfinen gehört. Dann geschah dieser köstliche Moment, dass ich das Haus verließ und plötzlich draußen über unsere Straße flog, mühelos, geräuschlos, die Höhe konnte ich mit Bein- und Armschlag verändern. Ich schaute in die erleuchteten Fenster der anderen Wohnungen, sah VaterMutterKatzeHund manchmal noch im Wohnzimmer zusammensitzen, flog höher, wollte die Dächer mit den Schornsteinen von oben sehen, flog zielstrebig über meinen geliebten Friedhof, flog zwischen den alten Bäumen, meinen Freunden, umher, spürte manchmal die zärtliche Berührung ihrer Zweige, um dann irgendwann morgens mit der Gewissheit aufzuwachen, dass es eine gleichzeitige Welt da draußen gab, in der Fliegen möglich war und die ich hin und wieder besuchen durfte. Das höchst Seltsame war, dass ich eines Tages in einer Wohnung auf der anderen Straßenseite zu Besuch war und alles genau so vorfand, wie ich es in meinen Fliegeträumen durchs Fenster gesehen hatte.

Das habe ich dann später alles für lange Zeit vergessen. Dann, irgendwann, ich war schon eine Weile sehr erwachsen, geschah es immer mal wieder, dass ich in meinen Träumen eine ungeheure Kraft in meinen Füßen und Beinen spürte, ich drückte mich ab und konnte, wie diese kleinen Flummibälle, hochschnellen, je nach Kraftaufwand sogar über Bäume und Häuser, um aber immer wieder unten zu landen und mich dann erneut mit aller Kraft abzudrücken. Es war eine große Freude, als ich entdeckte, dass ich diesen Vorgang dazu nutzen konnte, irgendwann ins Fliegen überzugleiten. Aber das war immer mit einer gewaltigen Konzentration und Kraftansammlung verbunden. Und mit einer unglaublichen Freude. Diese Träume waren eher selten, aber ich erkannte sie stets sofort und erinnerte mich im Traum voller Freude an diese Fähigkeit.

Später fiel mir das Buch *Kreativ träumen* in die Hände, und es war spannender als jeder Krimi. Dort wurde von Naturvölkern erzählt, die ihre Traumerlebnisse jeden Morgen besprachen und sich gegenseitig Rat erteilten, wie sie in der nächsten Nacht im Traum ihre Probleme lösen konnten. Es wurde berichtet, dass man die Fähigkeit zum luziden Träumen erüben kann, und ich war fasziniert. Sollte man im Traum merken, dass man träumt, so konnte man von diesem Zeitpunkt an das Traumgeschehen willentlich steuern.

Das wollte ich unbedingt auch. Ich würde mir

natürlich auf der Stelle das Fliegen wünschen, so viel stand fest.

Ich glaube, jeder Mensch hat schon einmal erlebt, im Traum zu wissen, dass es ein Traum ist. So geschah es auch eines Nachts bei mir. Ich ging die Straße entlang, in der ich wohnte, und entdeckte, dass das kleine Café gegenüber ganz anders aussah als gewöhnlich, und wusste gleich, dass ich mich im Traumzustand befand. Ich erinnerte mich auf der Stelle daran, dass nun alles möglich war, und beschloss sofort, zu fliegen. Was auch geschah. Ich schoss mit einer ungeheuerlichen Wucht hoch über die Dächer bis an den Rand der Wolken, sodass mir heftigst schwindelig wurde, und als ich einen Blick nach unten warf, erschrak ich so sehr, dass ich auf der Stelle erwachte. Mist Mist Mist!

Ich gab nicht auf. Inzwischen kann ich zwei Dinge tatsächlich. Ich kann immer noch, mit viel Konzentration, von gewaltigen Hochsprüngen ins Fliegen hinübergleiten, und ich kann mittlerweile meine Träume gestalten. Wenn ich denn mal wieder im Traum mitbekomme, dass ich träume. Und so habe ich in einem dieser Fliegeträume schon Monate im Voraus gesehen, dass mein geliebtes Nordsternhaus nicht mehr dort stand, wo es eigentlich stehen sollte. Und als es wirklich so geschah, dass man es abriss, war ich schon ein wenig gewappnet. Ja, auch meine geheime Lieblingsbucht auf Mallorca habe ich schon einmal im Traum willentlich besucht.

Jetzt, wo ich dieses schreibe, merke ich, dass ich schon lange nicht mehr geflogen bin. Es wird mal wieder Zeit.

Er nickt heftig. «Sie hat immer
Bäume gemalt», murmelt er,
und ich beuge mich zu ihm vor.
Unsere Blicke treffen sich, und
er kippt eine Tonne Kummer in
meine Augen.

Ganz schön alt

«Du bist schon alt, stimmt's?», sagt jemand hinter mir, und ich erschrecke. Ich packe gerade mein Buch und mein Lesematerial zusammen. Die Kinder haben Pause, die Lehrerin Aufsicht, ich bin allein. Dachte ich. Und so alt bin ich auch wieder nicht, denke ich noch trotzig. Aber nichts da – ich bin alt. Zwischen vierzig und neunzig ist alles möglich, wenn die Kinder schätzen dürfen.

Als ich mich umdrehe, steht der sehr blasse Junge mit dem sehr müden Gesicht vor mir, der mir beim Lesen und Erzählen schon aufgefallen ist, weil er so aufmerksam zugehört hat, dass mir die Metapher «an den Lippen hängen» sogar beim Vorlesen in den Sinn kam. Gesagt im anschließenden Gespräch hat er nichts. Kein Wort.

«Bist du bald tot?», fragt er.

Ich hole erst mal Luft. «Ich hoffe nicht», sage ich. «Weißt du, ich würde gerne noch ein paar Bücher schreiben.»

Sein blasses Gesicht schaut sehr ernst in meines. Er nickt.

«Aber wenn nicht?», fragt er.

«Tja», überlege ich laut, «ich hoffe, ich bin dann woanders, wo ich vielleicht auch Bücher schreiben kann. Oder andere schöne Dinge machen darf.»

«Und wenn nicht?», fragt er hartnäckig.

Ich stutze. «Meinst du, wenn man tot ist, ist das alles vorbei?»

Er zuckt mit den Schultern. «Und wenn doch?», flüstert er.

«Nein», sage ich nun mit Bestimmtheit und setze mich aufs Pult.

Es wird interessant. Da ist eine Spur, die zu leuchten beginnt. Ich will ihr folgen, beschließe ich.

Der Junge betrachtet mich da oben auf dem Pult und setzt sich auf einen der Schultische mir gegenüber.

«Ich glaube, dass ein sehr schöner Ort irgendwo auf uns wartet», sage ich nun mit Nachdruck.

Ein winziges, zaghaftes Flackern zittert in seinen Augen.

«Weißt du», sage ich, «ich glaube nicht, dass irgendetwas auf unserer wunderbaren Erde einfach zu Ende ist. Alles kehrt doch wieder oder verändert sich.»

«Werden wir dann ein Baum oder sowas?», fragt er.

Ja, tatsächlich, eine Zeit lang Baum sein zu dürfen zum Ausruhen und Stärken, das könnte mir gefallen. Ich sage ihm das.

Er nickt heftig. «Sie hat immer Bäume gemalt», murmelt er, und ich beuge mich zu ihm vor. Unsere Blicke treffen sich, und er kippt eine Tonne Kummer in meine Augen. Ich fühle Schmerz und Sehnsucht und Alleinsein. Auch Verzweiflung. Kaum auszuhalten.

«Ist sie gestorben?», flüstere ich.

Er schaut nach unten und nickt.

Er tritt heftig an den Tisch. «Du bist alt», sagt er.

«Ja», nicke ich. «Ich kann nichts dafür. Ich bin's einfach geworden.»

Er hebt den Kopf. «Du kannst plötzlich tot sein», meint er. Und sieht mich misstrauisch an.

«Ja», sage ich.

«*Plötzlich* ist gemein», murmelt er. Der Tisch bekommt einen weiteren Tritt. Mein Herz auch. «Immer musste sie hochschauen», sagt er leise. «In diese blöden Bäume! Sie ist einfach über die Straße, einfach so. Sie war doch noch klein.» Dann ist es still.

Ich weiß einen Moment nicht weiter. «Jetzt geht es ihr gut», sage ich nach einer Weile. «Ganz bestimmt. Ich weiß es gewiss.»

Wir schauen uns lange an.

«Du weißt das, weil du Bücher schreibst, stimmt's? Und weil du schon ganz schön alt bist.»

Hhm, was soll ich sagen?

Die Tür fliegt auf. «Verflixt noch mal, Lukas!», schreit die Lehrerin. «Kannst du nicht wie jedes normale Kind in die Pause gehen, musst du dich immerzu im Haus rumdrücken?»

Ich schlucke eimerweise an meiner Spucke. Ich springe vom Pult. Ich sehe plötzlich Angst in seinen Augen. «Lukas hat mir noch etwas sehr Interessantes zu meiner Geschichte gesagt», erkläre ich. Ich setze mein bestes Verschwörergesicht auf und schaue ihm eindringlich in die Augen.

Er versteht. «War okay», sagt er und verschwindet.

«Ein seltsames Kind», sagt die Lehrerin. «Ist seit einem Monat hier. Sagt nie was. Wir hätten noch Zeit für einen Kaffee ...»

Nein, keinen Kaffee. Und kein Lehrerzimmer. Im Auto übt mein Kopf immerfort Erklärungen und Trostsätze für diesen blassen Jungen. Mein altes Herz zieht sich zusammen.

Aber ich bin froh, alt zu sein. Ganz schön alt. Danke, Lukas.

Als ich ein paar Tage später in einer Buchhandlung ein Buch aus dem Regal nahm, fiel mir ein anderes Buch auf den Kopf. Als ich es aufhob, lächelte mich der Engel aus dem Krankenhaus an.

Aus allen Ecken
und Kanten

Engel kamen in meinem Leben bisher nicht vor. Höchstens auf den wundervoll kitschigen Glanzbildern meiner Kindheit. Oder im Kindergottesdienst als furchteinflößende Verkünder. Aber dann: Mein Patenkind musste ins Krankenhaus in Herdecke. Als ich die kleine Patientin besuchte, staunte ich. So ein Krankenhaus hatte ich bisher nicht gesehen. Es war freundlich und hell und hatte eine beruhigende Atmosphäre. Und in dem schönen, lichten, kinderfreundlichen Zimmer hing ein wunderschöner Engel mit einer Lilie in der Hand über dem Bett. Der Engel strahlte eine solche Liebe und Sanftmut aus, dass ich ihn immer wieder anschauen musste. Er berührte mich auf eine mir fremde Weise.

Als ich ein paar Tage später in einer Buchhandlung ein Buch aus dem Regal nahm, fiel mir ein anderes Buch auf den Kopf. Als ich es aufhob, lächelte mich der Engel aus dem Krankenhaus an. Das Buch trug den Titel *Warum Engel fliegen können*.

Na, dieser hier konnte es, das hatte er soeben bewiesen. Ich blätterte im Buch, las kreuz und quer, musste lächeln und beschloss, es zu kaufen – und es veränderte mein Leben.

Die Autorin hatte viel Spaß mit ihren Engeln, das stand fest. Sie beschrieb auf amüsante Weise, wie sie in ihrem Leben Platz genommen hatten, wie sie mit ihnen kommunizierte, ihnen Briefe schrieb, ihnen Aufträge gab, sie überall wahrnahm. Ich war neidisch, denn ich wusste genau, das würde bei mir niemals klappen. Ich glaubte schon immer gerne allerhand merkwürdiges Zeugs, ich habe einen Hang dazu, aber niemals, das wusste ich, würden mir solch wundersamen Dinge passieren.

Die Engel belehrten mich eines Besseren. Als ich begann, mich nach ihnen zu sehnen, kamen sie aus allen Ecken und Kanten angeflogen. Karten mit Engeln waren im Briefkasten, machte ich das Radio an, sang gerade eine Stimme von Angels, eine Freundin brachte einen richtigen Kracher mit: Ein dicker Engel schwebte plötzlich in meinem Bad. Maren nannte ihn den Engel Bollermann. Eigentlich war er aber eine üppige Frau mit üppigen Brüsten unter seinem Fliegekleid. Doch ich wusste sehr genau: Sollte ich einen von ihnen leibhaftig sehen, würde ich sofort in eine tiefe, schreckensstarre Ohnmacht fallen. Und ihr «Fürchte dich nicht!» käme zu spät. Das wussten die Engel auch, und so flogen sie andere, seltsame Kurven und Pirouetten durch mein Leben. Ich brauchte einen Kreuzschraubendreher für ein neues Bücherregal, das unbedingt noch in der Nacht aufgebaut werden musste, aber ich hatte nur Schlitzschraubenzieher. Am anderen Morgen lag ein alter, schwerer Kreuzschraubendreher in der exakt richtigen Größe auf meinem Gartenmäuerchen. Etwas angerostet, aber voll funktionsfähig.

Okay, ich bedankte mich. Aber war das nicht nur ein dummer Zufall?

Als ich 150 DM für eine wichtige Reparatur an meinem Auto bezahlen sollte, geriet ich in Not. Mein Geld war, wie meistens, sehr, sehr knapp. Ich schrieb einen Engelbrief und hing ihn in die Kastanie. Sie würden ihn finden, sagte die Autorin. Und lesen würden sie auch können.

Na ja, er hing dort eine ganze Weile. Als die Werkstatt ungeduldig wurde, kam ein Anruf vom Kinderschutzbund, für den ich immer mal wieder Projekte mit Kindern in den speziellen Brennpunkten gemacht habe. Die nette Dame meinte, sie hätten in einer Sitzung beschlossen, meine Arbeit mit einem

Zusatzbonus zu belohnen: Es waren 150 DM. Ich war so fassungslos, dass ich noch nicht einmal «Danke» stammeln konnte. Doch dann erzählte ich ihr mutig von meiner Werkstattrechnung und meinem Engelbrief. Irgendwie traute ich mich trotz meiner Angst, dass sie mich für durchgeknallt hielt.

Sie schwieg eine Weile und sagte, dass sie die Gabe habe, in Krankenhäusern Engel zu sehen, aber sie habe noch nie mit jemandem darüber geredet. Nun taten wir es. Die Engel kicherten in der Leitung und schlugen Saltos.

Ich muss aber zugeben, dass ich sie immer mal wieder in meinem Leben vergesse. Sie sind niemals nachtragend. Wenn ich mich nach langer Zeit reumütig zurückmelde, strahlen sie mich an. Und im Radio oder in einem mitgehörten Gespräch im Bus oder in einer Buchzeile, einem Schaufenster, einem sanften, rosaroten Abendlicht zwinkern sie mir zu. Ja, glauben Sie mir, sie können das. Und tun das immerfort.

Das Problem ist nämlich, dass
ich sie immer alle liebe, selbst
die Unbehaglichen, die kleinen
Monster, die Unsympathischen.
Oft gerade sie. Denn ich habe
einen Tick für schräge Typen. Den
hatte ich schon immer. Sie ziehen
mich einfach magisch an.

An der Ampel

Als ich ihn in dem Abfalleimer an der Ampel kramen sah, konnte ich es nicht glauben. Nie war mir eine meiner erfundenen Figuren jemals leibhaftig begegnet. Aber da draußen stand wirklich und sehr wahrhaftig Bocki, ein paar Tage zuvor in einer Kurzgeschichte von meiner göttlichen Schriftsteller-Herrlichkeit (ich weiß, ich weiß, aber es hört sich einfach zu schön an ...) frisch erschaffen und in die Welt gesetzt.

Ja, dort steht Bocki, die Hauptperson in der Geschichte um ein skurriles Obdachlosenpärchen, das sich sehr bodenständig durchs Leben schlägt, mit Witz, Fantasie und auch mit einem feinen Gespür für Poesie. Bocki, der einmal fast studiert hätte, der die Chaostheorie über alles liebt und immer wieder abändert. Bocki hat eine Lebensgefährtin, Rosa, versponnen, feinfühlig, liebenswert. Beide sind schon alt, kennen die Straße und wollen nichts anderes. Sie meistern ihr Leben auf ihre Weise, und ich liebe und bewundere sie. Ich würde gerne mehr über sie erfahren, das tue ich auch, es gibt eine zweite Kurzgeschichte, ein, zwei Jahre später, als die beiden immer mal wieder in meinem Kopf zu Besuch kommen und ich sie voller Freude einlade zu bleiben.

Leider ist Bocki in dieser zweiten Kurzgeschichte angetrunken vor einen Laster gelaufen, ich konnte es nicht verhindern. Und ich erfahre viel über Rosas Schmerz, ihre Wut, ihre Einsamkeit. Und ihren trotzigen Humor. Rosa ist wirklich sehr besonders, aber Bocki auch. Beide verschroben und hinreißend liebenswert. Darf man das von seinen eigenen Figuren sagen? Man darf bzw. ich tue es einfach. Das Problem ist nämlich, dass ich sie immer alle liebe, selbst die Unbehaglichen, die kleinen Monster, die Unsympathischen. Oft gerade sie. Denn ich habe einen Tick für schräge Typen. Den hatte ich schon immer. Sie ziehen mich einfach magisch an. Und sollte man jemals über mich sagen, ich sei ein sehr schräger Vogel gewesen – na, Gratulation –, ein besseres Kompliment gäbe es für mich gar nicht.

Aber da draußen steht nun Bocki, graues, struppiges Haar, ein rötlicher Bart, liebe, sanfte Augen. Er steht dort in diesem langen, dunklen Mantel, der einmal richtig teuer gewesen sein muss, er hat immer noch eine Spur von Eleganz. Ich starre so ausdauernd und angestrengt aus meinem Auto zu ihm rüber, dass sich Kopfschmerzen ankündigen. Gleichzeitig bete ich sieben Millionen Stoßgebete, dass diese Ampel das Umschalten einfach vergisst. Ich würde gerne aussteigen, zu ihm rüberlaufen, ihn an mich drücken und ihn mit ins Café Ferdinand nehmen zu einem Kaffee, zu einem Glas Rotwein, zu einem üppigen Teller mit den berühmten Tapas.

Bocki schaut auf. Er strahlt mich an. Ich strahle zurück.

Er scheint mich zu mögen. Na, das ist ja wohl das Beste, was einer Schriftstellerin passieren kann. *Bocki, wo ist Rosa?*, will ich rufen, da wird die Ampel gelb, dann grün, ich öffne das Fenster, schreie über den Beifahrersitz: *Einen guten Tag und viel Glück!* Was Besseres fällt mir nicht ein.

Dann fängt schon das wilde Gehupe hinter mir an, und ich muss weiter, ich fahre langsam, ich fahre so eng an die Bordsteinkante, dass die Reifen protestieren, Bocki beugt sich herunter, ich kann direkt in seine Augen sehen, und er schaut in meine. Mein Arm ist nicht lang genug, um durchs geöffnete Fenster seine Hand zu greifen, ich würde es gerne tun. So pfeife ich aufs Gehupe, und wir verweilen einen seltsam gestohlenen, nein, geschenkten Augenblick, und ich weiß, dass wir uns erkennen.

Unaufhörlich schickt mein Herz, auch mein

Kopf, eine Botschaft zu ihm hin: *Pass auf dich auf.*
Ich weiß um deine Kraft und Schönheit. Wenn ich
mich trauen würde, würde ich einen Segen aussprechen, aber wie macht man das? Als ich nun wirklich von allen Seiten behupt, ja fast schon geschubst
werde, hebt er den Arm und winkt. Und er schreit
durch den Lärm: «Alles ist gut. Gottes Segen für
Sie.»

Was soll ich da tun? Ich erschrecke gründlich,
gebe Gas und fahre los. Ein Termin wartet.

Im Rückspiegel wird er kleiner und kleiner. In
meinem Kopf wächst er zu einem Gefährten, den ich
nicht mehr missen möchte.

Selbst bei den Grübeleien in den dunkelsten Tiefen der Nacht, wenn der Kopf nichts als Schreckensvisionen produziert, kommt es häufig vor, dass ein Vogel draußen plötzlich im Traum wispert oder eine kleine schläfrige Melodie zu mir herüberschickt.

Von Vögeln
und Träumen

Vögel hatten immer schon eine besondere Bedeutung in meinem Leben. Ich liebe sie über alles, aber ich kann sie nicht anfassen. Ihre zarten Körper, ihre kleinen Füßchen, immer hätte ich Angst, irgendetwas von ihnen kaputt zu machen.

Wenn der freche Wellensittich meiner Lieblingsnachbarn, ein altes Ehepaar mit glücklichen Augen, mir laut kreischend auf den Kopf flog, so lief ich laut kreischend mit ihm durch das mit schweren, dunklen Möbeln vollgestellte Wohnzimmer, fühlte seine Füße mit den gekrümmten Krallen in meinem Haar und wollte nichts weiter als ihn wieder los werden. Dabei liebte ich ihn wirklich. Auch noch, als er aus Versehen, vor Schreck wild mit den Flügeln schlagend, durch meine Suppe lief, nachdem er von dem fettigen Tellerrand abgerutscht war.

Später, immer wenn ich Kummer hatte, das war eine Zeit lang häufig, setzte ich mich in das tröstende, grüngoldene Licht der alten Kastanie auf meine versteckte Lieblingsbank in dem kleinen Schlosspark mit dem vermodernden Teich und den immer schläfrigen Enten.

Das Geschwirr der Vögel, das Gluckern des trüben Wassers und die wundersam verlangsamte Zeit in diesem Park waren das allerbeste Seelenpflaster, das es gab. Jetzt gerade, wo ich das schreibe, viele, viele Jahre später in meinem Schreibparadies an der Schlei, flattert vor meinem Fenster an diesem Schreibtisch eine Meise so nahe an der regennassen Scheibe auf und nieder und schaut dabei so eindringlich in meine Augen, dass sie sich sofort mit Tränen füllen. Ich habe während meines Studiums in einem meiner Seminare natürlich etwas über Freud und seine Traumdeutungen erfahren und sie stets angezweifelt, hat doch jede und jeder, so glaube ich auch heute noch fest, seine eigenen Traumsymbole. Und ein im Traum auftauchender Regenschirm ist nicht unbedingt bei allen Menschen ein Phallussymbol. Ich habe über all die Jahre meine eigenen Traumzeichen entdeckt. Wasser, in welcher Form auch immer, erzählt mir eindringlich, wie es gerade in mir aussieht. Auch die Vögel tauchen immer mal wieder sehr scheu und doch sehr präsent in meinen Traumgeschehnissen auf. Sie haben mir viel zu erzählen. Und ich bin eine aufmerksame Zuhörerin.

Als ich vor Jahren mein geliebtes Nordsternhaus mieten konnte, das einen großen Garten hatte, der erste Garten in meinem Leben, träumte ich gleich in der ersten Nacht, dass ich dort unter den großen, schattigen Robinien im warmen Moos lag und bunte Vögel von überallher mich umflatterten, sich auf meine Schulter setzten und sich an mich schmiegten. Ich fühlte sehr deutlich ihre kleinen warmen Körper, ihre weichen Federchen und ihre Begrüßungsfreude. Obwohl in dieses besondere Haus auch allerhand Trauer mit einzog, war es doch immer ein verzauberter und verzaubernder Ort, an dem Heilung geschah und Freude stets aus allen Himmelsrichtungen wuchs. Dort hatte ich auch meine allererste Begegnung mit einem kleinen Kobold, der in einem Baumloch wohnte und meine Trauerattacken begleitete und, als diese vorbei waren, verschwand. Das kann man nun glauben oder auch nicht, aber ich nahm ihn deutlich wahr. Er konnte wunderbar grinsen.

Als ich dort bei einer sehr schweren Lebensentscheidung in meinem Arbeitszimmer auf und ab lief, auf und ab, immer wieder, und zwei Wege gegeneinander abwog, einen Herzensweg und einen vom Verstand geprägten, war es jedes Mal so, dass draußen im Baum ein Vogel sang, wenn ich bei meiner

Herzensgabelung in Gedanken verweilte. Diskutierte mein Kopf, blieb es still. Das gab den Ausschlag. Und genau aus diesem Grund kann ich heute hier sitzen, in diesem Paradies, Bücher schreiben, meine kleinen Gefährten beobachten, sie wertschätzen und ihnen eine große Freude verdanken.

Selbst bei den Grübeleien in den dunkelsten Tiefen der Nacht, wenn der Kopf nichts als Schreckensvisionen produziert, kommt es häufig vor, dass ein Vogel draußen plötzlich im Traum wispert oder eine kleine schläfrige Melodie zu mir herüberschickt. Und mein Herz, auf diese Weise gestärkt, lässt sich von meinen wirren, verknoteten Gedanken nicht mehr beunruhigen.

Jetzt regnet es draußen, und sie sitzen gerade alle im Gebüsch gegenüber und glauben an mich. Ihnen gehört dieser Text.

Es geht ein mir unbekannter,
tiefer Frieden von ihm aus, sodass
ich losheulen könnte. Ich hätte
mich gerne an seine Schulter
gelehnt und eine Zeit lang dort
verweilt.

Der Besuch

Es war ein schlimmes Jahr gewesen. Mein Herz hatte ein paar heftige Kratzer und Beulen bekommen, meine Tränen überfluteten den Rhein-Herne-Kanal, und ich jammerte und litt in allen möglichen Moll-Tonarten. Aber meine Freunde standen an meiner Seite, und ich begriff zum ersten Mal wirklich, was eine Freundschaft geben und aushalten kann.

Der Mai kam, es war ein wunderbarer Mai, prallvoll mit verheißungsvollen Knospen, grünen Geheimnissen und meinem Geburtstag mittendrin. Und mein verkrumpeltes Herz bekam ebenfalls Knospen und glaubte an einen neuen Sommer.

Das musste gefeiert werden. Es wurde ein großes Fest. Alle waren gekommen. Mit Kind und Kegel. Mit Hund und Katz. Mit Gitarrenklängen und mit viel Gelächter, Tanz und Gesang. Als es dämmerte, blühten die Lampions in allen Farben auf, Kerzen flackerten, und eine große Sanftheit wuchs um alles herum.

Da sehe ich ein sehr altes Gesicht über die Hecke am Eingang lugen, ein liebes Gesicht mit einem scheuen Lächeln. Ich gehe auf den alten Mann zu, ich kenne ihn nicht, er ist klein und trägt einen zerschlissenen schwarzen Anzug. Er schaut mich aufmerksam und freundlich an.

Ich erzähle ihm, dass wir ein großes Fest feiern, sozusagen meine Wiedergeburt, ich traue mich einfach und erzähle ihm von meinem Kummer, der gerade dabei ist, sich zu verabschieden.

Er hört still zu. Er sagt kein einziges Wort, aber seine Augen lächeln.

Ich bitte ihn dringlichst, mit uns zu feiern, ein Glas Wein zu trinken und etwas zu bleiben. Es geht ein mir unbekannter, tiefer Frieden von ihm aus, sodass ich losheulen könnte. Ich hätte mich gerne an seine Schulter gelehnt und eine Zeit lang dort verweilt. Ich sage ihm, dass ich nur schnell einen Stuhl hole.

Als ich zurückkomme, umringen ihn die Kinder. Die kleine Lucy hat den alten Mann von hinten umschlungen, der kleine Aaron hält seine Hand. Ich stelle ihm den Stuhl hin und reiche ihm ein Glas Rotwein.

Er setzt sich. Er lächelt mich an und trinkt einen Schluck. Er sagt kein Wort. Ich werde nun woanders gebraucht. Ich drehe mich noch einmal zu ihm um, die Kinder blicken stumm zu ihm hoch, die kleine Kaija sitzt vor ihm im Gras und lehnt sich an seine

Knie. Es ist ein sehr eindringliches Bild, ich werde es nie vergessen.

Irgendwann will ich meinem unbekannten Gast etwas zu essen bringen, ich würde auch zu gerne wissen, wie er heißt, wo er herkommt – aber er ist fort. Der Stuhl ist leer. Keine Ahnung, wo er ist. Die Kinder schauen mich an, ziehen die Schultern hoch und wissen von nichts. Ich bin fassungslos. Irgendwer musste doch bemerkt haben, dass er ging. Nein, das hatte niemand.

Ich suche ihn jeden Tag in den Geschäften der Einkaufszone, ich fahre mit dem Fahrrad durch alle Straßen, ich frage überall nach ihm ...

Ich sehe diesen alten Mann nie wieder. Aaron, der damals noch seine kindliche Hellsichtigkeit hatte, meinte so nebenbei: Das war doch ein Engel, die können das!

Viele Jahre später, als ich mit einer Freundin über Seltsamkeiten und Zufälle rede, fällt mir diese Begegnung wieder ein, und ich bekomme eine Gänsehaut. Ich weiß plötzlich mit großer Klarheit, dass ich damals Jan Bernasiewicz begegnet bin, der schon eine Weile tot war und lange Zeit als Foto von meiner Pinnwand auf mich heruntergelächelt hat, dieser alte polnische Holzbildhauer, der die aberwitzigsten Figuren baute und in seinen Garten stellte. Die Menschen kamen von weit her, um sie zu bestaunen. Es gab einen wundervollen Bildband über ihn, den hatte ich zwei, drei Jahre vor dem Fest geschenkt bekommen.

Diesen kleinen alten Mann habe ich sofort geliebt. Später habe ich einen Roman geschrieben, in dem er die Hauptperson ist: mein erfundener Opa Leo. Liebenswert, verschmitzt und weise. Beim Schreiben hatte ich ihn immer vor Augen.

Na ja, man kann das nun alles glauben oder nicht. Ich denke oft, dass er vielleicht damals schon wusste, dass ich später mal ein Buch über ihn schreiben würde. Ich hatte davon noch keine Ahnung.

Und vielleicht wollte er nur mal nachschauen, ob diese Dame das hinkriegen würde.

Ich hoffe, ich habe ihn nicht enttäuscht.

So fahren wir, links vom Himmelsgeleucht und rechts vom Großen
Wagen begleitet, puckernd und
stotternd über die Grenze, wir
fahren durch schlafende Städte
und über leere Autobahnen,
das Leuchten begleitet uns eine
unglaublich lange Zeit, sodass wir
Kinderaugen bekommen.

Nachtgefährt(e)

Ich weiß nicht, in welcher Landschaft ich mich wohler fühle, an der Schlei im Norden Deutschlands oder in der südlichen Provence. Sie sind so verschieden und berühren doch gleichermaßen mein Herz mit meiner Kindersehnsucht nach einem Ort des Friedens und der Geborgenheit. Die Schleiseite, mit meinem Schreibdomizil, ist eine sanft gewellte Landschaft, deren Auf und Ab mich beruhigt. Der Charme des Südens liegt in dem besonderen Licht, der Süße der Gerüche und den Gegensätzlichkeiten von Lieblich und Schroff.

Aber an beiden Orten begrüße ich jeden Abend meinen Gefährten, den Großen Wagen, den ich mühelos zwischen all den leuchtenden Punkten am weiten, klaren Himmel finde. Und ich kann an seinem Stand die genaue Himmelsrichtung und fast genau die Uhrzeit ablesen, wenn ich länger unter ihm verweile. In Frankreich hängt er riesengroß im pflaumenblauen Samt über der Landschaft, manchmal wie Blüten in den knorrigen Zweigen der Schirmpinien, manchmal tupft er das Gewirr der Weidenäste an der Schlei.

Tuckerten wir mit unserem alten Theaterbus Richtung Avignon und wollten wir morgens von den ersten Strahlen der Morgensonne geweckt werden, so stellten wir das Auto seinem himmlischen Bruder gegenüber. War aber ein langer Schlaf zu vermuten nach einer langen Nacht mit viel rotem Wein, so stellten wir ihn parallel zum Großen Wagen, und die Sonne musste mit ihren heißen Küssen warten.

Jede Nacht morste ich von meinem Schlafsack oben auf dem Gepäckträger des alten Hanomags meine Grüße zu ihm hinauf, umkreiste die sieben Sterne mit meinen Augen, war begeistert, wenn die Augustschnuppen durch ihn hindurchzischten, und füllte Wagenladungen von Wünschen in sein Inneres. Ich verfolgte seine Bahn um den Polarstern, der leicht zu finden ist, muss man doch nur seine Hinterkante über sich selbst hinaus um das Fünffache verlängern. Und dann findet man auch den Kleinen Wagen, denn der Polarstern ist der Handgriff der Deichsel, aber der Kleine Wagen leuchtet meistens ziemlich blass, er ist halt nur der Kleine Wagen, ein Kleinwagen halt.

Ich lernte aus Büchern die Namen der sieben Sterne, alpha beta und so weiter, aber um wie viel schöner klingen die arabischen Namen: Dubke (Bär),

Merak (Lende), Phachd oder Phekda (Schenkel), Megrez (Schwanzansatz), Alioth (Schwanz), Misar (Lende) und Benetnasch (Klageweib). Sie alle erzählen Bruchstücke aus der griechischen Mythologie, über die große Bärin Ursa major, denn mein Großer Wagen ist nur ein Teil seines Bildes, einer verwunschenen Prinzessin, die im Gegensatz zu den vielen verwunschenen Fröschen nicht im Wasser, sondern am Himmel landete. Eine große, dramatische Eifersuchtsgeschichte spielte sich dort oben am Himmel ab, und Zeus selber musste eingreifen. Da hängen die sieben nun alle groß und leuchtend nah beieinander am nächtlichen Himmel, und die wütende Hera hat jede Nacht den Seitensprung ihres Göttergatten vor ihren zornigen Augen. Mein siebensterniger südlicher Großer Wagen, so erfahre ich im Brockhaus, ist nichts als das Hinterteil der großen, verwunschenen Bärin Kallisto, und meine Augen streicheln häufig über ihr Fell.

Auf der Rückfahrt eines langen, verzaubernden Aufenthaltes in der Provence, nach einem schon müde werdenden Sommer, beginnt mitten in der Nacht der alte Hanomagmotor zu stottern, er gibt unruhige Geräusche von sich, der alte Bus hat deutliche Herzrhythmusstörungen, und ich schaue aus dem

Beifahrerfenster hinauf zum Großen Wagen, der uns leuchtend und klar rechts am Himmel begleitet. Und ich schicke ein Stoßgebet hinauf und eine lange, starke Leine, ein Seil, das binde und verknote ich fest an seiner Deichsel und erfinde ein Mantra, das ich ständig wiederhole, wenn ich mein Gesicht aus dem Fenster in den warmen Wind recke und nach oben wende: *Bitte, halt ihn fest, halt ihn fest und zieh ihn nach Haus'.*

Gleichzeitig beginnt auf der linken Seite, der westlichen, ein enormes Wetterleuchten, das so gewaltig ist, so beeindruckend schön, dass wir am liebsten angehalten hätten, aber wir hatten keine Ahnung, ob das Autoherz einen Neustart überleben würde.

So fahren wir, links vom Himmelsgeleucht und rechts vom Großen Wagen begleitet, puckernd und stotternd über die Grenze, wir fahren durch schlafende Städte und über leere Autobahnen, das Leuchten begleitet uns eine unglaublich lange Zeit, sodass wir Kinderaugen bekommen. Wir erreichen im ersten Licht ein erwachendes Ruhrgebiet und verabschieden uns voller Dankbarkeit von dem verblassenden Gefährten und Gefährt am Morgenhimmel.

Als wir ausgeschlafen und uns von den Anstrengungen der Rückfahrt erholt haben und den Bus in die Werkstatt fahren wollen, gibt er keinen Ton mehr von sich. Rien ne va plus. Das ist in Ordnung. Und er sollte eine große Herzoperation noch um einige Jahre überleben.

In dunklen Hinterhöfen, in
zerbröckelnden, spärlich
beleuchteten Abrisshäusern
tobten die skurrilsten Künstler
der Musik- oder Theaterszene,
und die feuchten, rissigen Betonwände waren mit magischen
Zeichen übersät, furchteinflößend
oder paradiesische Visionen
erzeugend.

Momentaufnahme Berlin

Wir waren den ganzen Tag herumgelaufen, wir hatten Vorträge gehört, das noch leere jüdische Museum besuchen dürfen und hatten es sehr erschrocken und überwältigt verlassen. Wir hatten uns so winzig wie Ameisen gefühlt und so bedeutungslos wie eine Handvoll Staub. Die Scham, die uns erfüllte, machte uns still. Wir hatten keine Worte mehr füreinander gehabt, wir wollten schweigen und allein sein, aber unser Programm ging weiter, wir hetzten, füllten unsere Köpfe mit Fakten, Zahlen, Orten, die Eindrücke huschten an uns vorbei oder irrten in unseren Köpfen herum, ohne irgendwo anzukommen. Unsere Berlin-Bildungsreise war angefüllt mit strikt einzuhaltenden Zeitplänen, mit einer Überfülle von Terminen, U-Bahnhöfen, Gesprächen, Hin-und-her-Gerenne und großer Mattigkeit irgendwann.

Abends saßen wir erschöpft in unserer kleinen, durch Zufall entdeckten Stammkneipe, direkt um die Ecke unserer «Bildungseinrichtung», die den kargen Charme einer ostdeutschen Jugendherberge hatte, knabberten an unseren Buletten mit viel Senf, tranken dazu ein Bier oder zwei, hörten der Musik aus der schönen, alten Juke-Box zu und überspielten unsere Mattigkeit mit Aufschneidereien oder dummen Scherzen. Berlin war überwältigend. Wir waren überfordert.

Am nächsten Tag ging es weiter in eine jüdische Synagoge, wir trafen streng orthodoxe Juden, erfuhren viel über die unzähligen Regeln, die es in ihrer Religion zu beachten galt, wir trafen eine moderne, junge Frau aus Israel, die uns ihre Sicht auf die Weltlage und auf ihre Religion erklärte; mit einem Lächeln und mit viel Humor verriet sie uns, dass viele der jüngeren Menschen die Regeln nicht mehr so eng sahen, aber für immer jüdisch seien, das sei ihre geistige, ihre religiöse Heimat, ihre Bestimmung.

Wir verstanden manches, vieles nicht. Wir sehnten uns, das alles zu behalten, zu verarbeiten, eine kleine Insel im Kopf zu finden, die Ruhe gewährte, aber weiter ging's. Die *taz* öffnete ihre Türen für uns, und wir lauschten dem äußerst charmanten Chefredakteur, der zumindest uns Damen für eine kleine Zeitspanne wieder hellwach werden ließ. Wir schliefen meist lange nach Mitternacht ein und quälten uns früh um sieben wieder aus dem Bett, mit völlig überwucherten, unordentlichen Gedankenbeeten in dem verwilderten Garten in unserem Kopf.

Solche Dinge kritzelte ich manchmal aufs Papier, wenn ich nicht mehr zuhören konnte, ich strich sie energisch wieder durch, es ging doch gerade um die gewaltigen Veränderungen im Ostteil der Stadt, der vor wilder Lebensfreude in einigen Bezirken überschäumte und die verrücktesten Lokale aus dem Boden sprießen ließ, dass wir manchmal glaubten, Gras geraucht haben zu müssen. In dunklen Hinterhöfen, in zerbröckelnden, spärlich beleuchteten Abrisshäusern tobten die skurrilsten Künstler der Musik- oder Theaterszene, und die feuchten, rissigen Betonwände waren mit magischen Zeichen übersät, furchteinflößend oder paradiesische Visionen erzeugend. Wir hasteten die steilen Treppen hoch, verloren uns in dem Gedränge, wurden gedrückt, geküsst, geschubst, angebrüllt, man verstand nichts, wirklich kein Wort, welches sollte man hier auch aus seinem Wortschatz heraussuchen, Konversation war nicht möglich, Kommunikation lief über Körperkontakt, wir flohen all die Treppen wieder hinunter, suchten unsere Gruppe im tanzenden Feuerschein der Fackeln im Hof, erschraken über die wilden, grotesken Schatten an den Ziegelsteinwänden, stolperten über umgekippte Ascheneimer, prall gefüllte Müllsäcke, bekamen einen Joint gereicht und waren unendlich erleichtert, in dieser dunklen, fremden Welt ein vertrautes Gesicht zu sehen.

Zwei meiner Freundinnen schnappten mich und zogen mich ins Helle zurück, wir hatten keine Ahnung, wie wir hier wieder wegkommen sollten. Dann endlich ein U-Bahnhof. Es war Wochenende, ein lauer Oktoberabend, die Straßen waren voll mit aufgekratzten Menschen, der U-Bahnhof überfüllt mit Wartenden mit neuen Zielen, unruhig, nervös, auf der Lauer nach weiteren Abenteuern. Wir fanden tatsächlich eine Bank, die sich gerade leerte, als ein Zug einfuhr. Wir nahmen völlig ausgebrannt Platz. Das Foto, das eine meiner Freundinnen von uns dort schießen ließ, zeigt uns drei schlapp wie auslaufende Mehlsäcke, die Gesichter bleich, müde, leer.

Eine U-Bahn näherte sich mit Getöse, die Türen spuckten weitere eilige Menschen aus, ich sah einen großen, gut gekleideten Farbigen mit Hut in einem eleganten, langen grauen Mantel, der sehr gerade, hoch aufgerichtet durch die Menge schritt. An seiner Hand hielt er einen etwa fünfjährigen Jungen fest, sein wildes Kraushaar stand wirr nach allen Seiten. Dann sagte dieser schokobraune Junge, der kaum mit seinem Vater Schritt halten konnte, mit glasklarer Kinderstimme: «Ich hab dich lieb, Papa.»

Und ich schwöre, die Geräusche zogen sich zurück, alle Bewegungen verlangsamten sich in diesem magischen Moment der Zeitlosigkeit, wir verharrten eingefangen wie in einem süßen Honigglas. Unsere unruhigen Gedanken steckten den Kopf unter ihre Flügel, unsere Herzen wurden groß und ruhig.

Und dann – plopp – war dieser Moment vorbei. Die Uhrzeiger rückten weiter, der Lärm kehrte zurück, aber unsere Gesichter hatten sich verändert. Das kann ich bezeugen.

«Ich dich auch», hatte der Vater mit seiner vollen Stimme geantwortet. Und ich bin sicher, jede und jeder hatte tief in sich dasselbe formuliert: *Ich dich auch*.

Daraufhin hatte die Zeit für einen Moment das Atmen vergessen.

Ich schlich mich davon in mein
geheimes Versteck in mir drin
und saß gut verborgen unter den
Kelchen von Glockenblumen. Ich
konnte mich sehr klein machen.

135

Ein Rudel Ungeheuer

Meine Stimme hätte ganze Regale mit Glas zerspringen lassen können. Sie war hoch, sie war tief, sie kochte und brodelte, sie schrillte so laut, dass sie sich nach diesem Anfall für eine Zeit verabschiedete. Mein Zorn war so gewaltig, dass ich begann, mich davor selber zu fürchten. Ich schrie, ich tobte, ich rammte immer wieder eine Faust auf mein Lenkrad, und mein kleines Auto füllte sich mit den unflätigsten Wörtern, die ich je gehört, gelesen, gesagt habe und jetzt zu erfinden begann ...

Das Verrückte ist, dass ich heute nicht einmal mehr weiß, was der Auslöser war. Ich vermute, dass es eine tiefe Kränkung gewesen ist, die mich in dieser Wucht zum ersten Mal mit meiner stets unter Kontrolle gehaltenen Zorn-Agressions-Schmerz-Attacke konfrontierte. Wütend zu sein war in meiner Familie nur meiner Mutter erlaubt gewesen. Mich, damals ein kleines, ängstliches Kind, konnte man mit einer lauten Stimme auf der Stelle zusammenfalten auf die Größe eines Reiskorns.

Man erzählte sich bei Familientreffen, dass dieses kleine, artige, bezopfte Mädchen tatsächlich mal

in die Küchentischkante gebissen habe. Die Zahn-
abdrücke in dem Linoleumbelag wurden als Beweis
gezeigt, und ich musste in die Ecke und mich schä-
men. Dort schlich ich mich davon in mein geheimes Versteck in mir drin und saß gut verborgen
unter den Kelchen von Glockenblumen. Ich konnte
mich sehr klein machen. Heute bin ich ganz sicher,
dass ich damals schon eine tiefe Wut ausdrücken
wollte, die anders kein Ventil gefunden hatte. Auch
hier habe ich keine Ahnung mehr, was der Anlass
gewesen war.

Später, so mit zehn, schrie ich im dunklen, un-
heimlichen Keller zaghaft alle Wörter, die ich niemals
(NIE!) benutzen durfte. Und so schlich ich angepasst
und wutlos durchs Leben. Immer freundlich, immer
zu feige auszudrücken, was die schnaubenden Ungeheuer in mir zum Wüten brachte. Natürlich habe
ich während meines Pädagogikstudiums viel über
Aggressionen, unterdrückte Gefühle und ihre fatalen
Auswirkungen auf unser Leben gelernt. Theoretisch
war ich gut, praktisch eine unschlagbare Niete.

Die ersten gewagten kleinen «Ausrutscher»
kamen aber irgendwann vor, meine Wut reckte ihre
Nase aus tiefstem Schnee wie die ersten vorsichti-
gen Schneeglöckchentriebe. Das war immer dann,

wenn man meine Arbeit angriff. Wenn man sie nicht wertschätzte. Meine Arbeit war eigentlich die einzige Wertschätzung, die ich mir selbst entgegenbrachte. Meine Arbeit war mir immer heilig. Sie ist ja mein Kraftquell, mein Reichtum.

Der Wutanfall im Auto war befreiend, er war der erste Schritt für meine Heilung. Er hatte etwas elementar Wahrhaftiges, meine Ungeheuer wollten angeschaut und gestreichelt werden, ich hatte ganze Rudel davon. Ich begann zögernd zu lernen, mich auch mit diesen Wutattacken zu mögen, auch wenn ich sie zuerst nur mit mir selbst ausmachte. Das mit einem Gegenüber auszutragen war immer noch so eine Art «Vorhölle». Denn Geschrei, ein genervtes, zorniges Gesicht, schlimme Wörter und Beschuldigungen taten mir immer noch quälend weh, dann schrumpfte ich auf die Größe eines Ameiseneis.

Damals im Auto hatte ich das Radio auf volle Lautstärke gestellt, der Krach tobte wunderbar synchron mit meiner Wut. Ab und zu brauchte ich eine Atempause. Ein Song hämmerte sich da gerade in mich rein, und irgendwann nahm ich wahr, wie der Sänger stakkatohaft wiederholte:

Thank you – for let me be myself.

Die Wut schlug um in Begeisterung. Ich schrie

mit mindestens 100 Dezibel den Refrain mit. Er wurde meine Hymne. Ist er immer noch.

Thank you, sage ich hin und wieder zu mir selber, wenn ich es schaffe, zu meiner Wut zu stehen.

Ein paar Tage später im Bus sagte ein kleines, fünfjähriges Mädchen, blass und dünn wie ich damals, zu einer oberfreundlichen Oma, als diese fragte: «Na, Kleine, was willst du denn mal werden, wenn du groß bist?» – «Dann werde ich Zwerg!» Und es schaute trotzig in das Gesicht der alten Dame.

Be yourself, dachte ich. Und: Gratulation.

Doch irgendwann wollten alle
nicht mehr rumhexen oder
Dr. Faust sein, sondern ernsthaft mehr erfahren über die
Energien, die uns umgeben, die
wir ausstrahlen, die uns schaden
oder uns helfen. Wir legten
Flusssteine auf das Yin- und
Yang-Symbol und beklopften sie.

Und sie bewegt sich doch

Mein Großvater in Ostpreußen konnte es. Mein Vater nicht. Ich kann es wieder. Es sieht jedenfalls so aus. Ich habe es bei einem wunderbar weisen, leider verstorbenen Professor der Bochumer Universität gelernt: das Rutengehen.

Wir bekamen eine Einhandrute in die Hand gedrückt und hielten sie über alles, was uns interessierte: Lebensmittel, Pflanzen, alte Fotos, Wasserleitungen, Blumenbeete, Steckdosen, Handys und was wir wollten. Wir mussten allerdings geduldig sein. Die Rute wollte nicht immer mit uns reden. Bewegte sie sich dann irgendwann zum ersten Mal, erschrak man fast zu Tode und konnte es nicht fassen. Unsichtbare Energien wurden durch unsere Rute plötzlich sichtbar. Es gab ein deutliches Ja oder Nein bei Fragen zur Verträglichkeit von Medikamenten, Standortfragen von Pflanzen, die Raumenergien konnten angezeigt werden – und wir wurden größenwahnsinnig. Plötzlich glaubten wir, alles zu wissen. Wir fragten die Rute jede unsinnige Kleinigkeit.

Der Professor ließ uns gewähren, er kannte das schon.

Doch irgendwann wollten alle nicht mehr rumhexen oder Dr. Faust sein, sondern ernsthaft mehr erfahren über die Energien, die uns umgeben, die wir ausstrahlen, die uns schaden oder uns helfen. Wir legten Flusssteine auf das Yin- und Yang-Symbol und beklopften sie. Wir maßen die Energie vorher und nachher. Es schien so, als ob die Steine nach dem Beklopfen positiv aufgeladen waren. Wir durften experimentieren. Wir ruteten die Energien in unserer Wohnung aus. Mein Schlafzimmer konnte bessere Energie gebrauchen. Ich legte an jedes Bein meines Bettes einen beklopften Stein und wartete ab.

Und was sagte mein Kopf? *Du hattest doch schon immer einen Hang für diesen Schwachsinn.* Ja, seufzte ich, stimmt. Aber sie bewegt sich doch ...

Ich lag in meinem Bett und glaubte und glaubte nicht. Mein Kater Oskar blieb erst einmal wie angewurzelt in der Türöffnung stehen. Er war irritiert. Irgendetwas war offensichtlich anders. Er bewegte sich vorsichtig hinein. Er umrundete das Bett. Die Steine würdigte er keines Blickes, aber immer wieder schaute er um das Bett herum. Dann wechselte er seinen Schlafplatz vom Ohrensessel in mein Bett. Ich schlief nun besser. Lag das an den Steinen oder an Oskar? *Krieg dich wieder ein,* sagte mein Kopf. *Ist doch nur ein blöder Zufall* ... Ich ließ die Steine liegen. So fühlte ich mich besser.

Darüber redete ich mit meinem neuen Kumpel, dem Zechenpförtner Helmut, der mich in meinem Garten beim Rutengehen beobachtet hatte und wissen wollte, was für einen Hokuspokus ich dort machte. Ich erschrak, ich wollte nicht als schräge Schreibmaus betratscht werden. Ich gab Helmut die Rute und erklärte kurz, was sie konnte.

Er nahm sie in seine Pranke – und sie legte los. Vor Schreck ließ er sie fallen. Hob sie wieder auf und erschrak aufs Neue. Sie bewegte sich heftig. «Ich tu ja gar nichts», schwor er. «Wieso macht sie das?», fragte er mit großen Augen.

Er stand vor dem Schneeballbusch, der schlapp vor sich hin kränkelte, und Helmuts Rute zeigte stark und deutlich eine negative Energie. Ich ging mit ihm zu meiner üppig knospenden Topfrose, da tobte die Rute eine deutlich anders drehende Bewegung. Helmut lief nun von Pflanze zu Pflanze und staunte. Ich wurde neidisch.

Als er wieder an dem vor sich hin mickernden Schneeball angekommen war, kratzte er sich am Kopf und meinte, ein Kumpel von ihm habe mal erzählt, dass sie früher einen Nagel in den Stamm eines kränkelnden Baumes geschlagen hätten, damit er sich erholt.

«Vielleicht hat das die Energieströme verändert», sagte ich mit kleinlauter Expertenstimme.

Helmut ging mit der Rute am Busch hoch. «Hier», sagte er, «hier ist die Störung besonders stark. Sollen wir einfach mal ...?»

Hm, dachte ich, warum nicht. Ich holte einen Eisennagel und einen Hammer. Helmut erspürte die richtige Stelle und schlug den Nagel fachmännisch ein. Jetzt mussten wir warten.

Zufällig trieb der Schneeball im Frühjahr neue Blätter und blühte wunderbar. Und was quakte mein Kopf (nein, nicht zufällig): *Du glaubst auch jeden Mist.*

Ja, dieses Mal gerne.

Die wichtigste Zutat für die Zauberverwandlungspille war LIEBE. Aber Glibberschleim, dicke Wackelspinnen, ein Finger und ein Auge, ja selbst ein Gehirn im Einmachglas, an dem ich lange gebastelt hatte, waren unumgänglich. Das Zeug musste einfach sein!

147

Monstermäßig

Wie sehr hatte ich mich immer im Dunkeln ge-
fürchtet! Ungeheuer, Wölfe, Gespenster, Räuber und
Hexen konnten dort lauern. Ich wusste, sie warteten
nur darauf, mich durch die Dunkelheit zu jagen,
mich zu fressen oder zu zermalmen oder dick zu
füttern, um mich dann im Ofen zu schmoren. Meine
Fantasie war ein üppiger Garten, im Dunkeln aber
ein düsterer, undurchdringlicher Wald. Gruselig und
voller Schrecken.

Als ich viele Jahre später mit meinem Kindertheater durch die Lande tingelte, war der böse Wolf
endlich erlöst und konnte ein lieber Wolf werden, der
jeden anbettelte: «Schmust du mich?» und tierisch
gut küssen konnte. Ich erfand Räuber mit einem
großen, milden Herzen, eine schusselige Hexe, die
sich ständig «verzauberte», und ich erfand Monster.
Die gab es in meiner Kindheit noch nicht. Natürlich
durften die Monster zuvor unheimlich sein, Kinder
lieben durchaus den Nervenkitzel, aber sie erfuhren
in meinem Stück, dass die skurrile Wissenschaftle-
rin *Lilli Bazilli* (ich) in ihrem Labor auf der Suche
nach einem Gegenmittel war, das diese unglückli-

chen Wesen in liebenswerte Geschöpfe verwandelte. Was ihr mithilfe der Kinder stets gelang. Die wichtigste Zutat für die Zauberverwandlungspille war LIEBE. Aber Glibberschleim, dicke Wackelspinnen, ein Finger und ein Auge, ja selbst ein Gehirn im Einmachglas, an dem ich lange gebastelt hatte, waren unumgänglich. Das Zeug musste einfach sein! Die Kinder konnten dann immer so wundervoll erschauern ...

Als ich im Essener Klinikum von der Kinderpsychiatrie gebucht wurde, wünschte man sich genau dieses Stück, und ich staunte. Nur das hässliche Monsterfoto auf meinem Plakat (der kleine Enkel meiner Freundin) hatten sie verändert, die schiefen, langen, künstlichen Monsterzähne konnten in einer Klinik, in der auch die Kinderzähne behandelt wurden, so nicht vorgeführt werden. Man klebte dem Monster einfach das Datum und den Ort der Veranstaltung über den Mund, was es erst recht so richtig schön gruselig machte.

Ich spielte im Keller, in einem tristen, nackten, kaltweiß gestrichenen Raum, der sich Gott sei Dank verdunkeln ließ, sodass meine Scheinwerfer einen magischen Ort zaubern konnten. Die Kinder kamen, es war nur eine kleine Gruppe mit einer großen

Anzahl von Betreuern. Da ich ja nicht Laborchefin, Monster, Prinzessin, König, Assistentin und andere Rollen gleichzeitig spielen konnte, brauchte ich dafür die Kinder. Wie immer rissen sie sich um die Rollen, von denen sie bis dahin keine Ahnung hatten. In der letzten Reihe saß ein großes, blasses Mädchen. Wenn ich es ansah, blickte es nach unten. Ich konnte sehr deutlich wahrnehmen, dass es mitspielen wollte, aber keinen Mut dazu fand. Oh, wie gut kannte ich das doch! Genau so war es mir immer als Kind ergangen. Als die wichtigste Rolle zu vergeben war, ich brauchte den Assistenten oder die Assistentin *Fixwienix*, leuchteten ihre Augen auf.

Ich ging dicht nach vorne, beugte mich über die ersten Zuschauerreihen und schaute sie fest an. Wir hielten das ein paar Sekunden aus. Dann fragte ich sie, ob sie mir helfen könne, ich bräuchte eine sehr spezielle, sehr furchtlose Assistentin.

Die Betreuer ringsum begannen, mir unauffällig Zeichen zu machen, ich ignorierte sie alle, das Mädchen wollte, ich wollte, und ich kann da sehr hartnäckig sein. Sie zögerte, schluckte, holte tief Luft und folgte mir auf die Bühne. Hinter ihrem Rücken das wilde Kopfschütteln aller Erwachsenen. Sie konnte es nicht sehen.

Als ich sie verkleidete, kicherte sie unhörbar, als sie erst den Kittel, dann die Labormütze (eine enge, blassgelbe Badehaube) und zuletzt die riesige Forscherbrille mit den glasbausteindicken Gläsern aufbekam. Sie stand tapfer und sehr aufmerksam an meiner Seite, sie flößte furchtlos und unerschrocken den hypnotisierten Monstern ihre Medizin ein, sie ahnte immer schon im Voraus, was zu tun war, aber sie sprach nicht. Ich muss sagen, dass sie ihre Rolle so perfekt spielte, ihre Mimik war ein Meisterwerk, dass es mir erst einmal gar nicht auffiel. Es wurde zu einem tollkühnen Abenteuer, wir auf der Bühne waren monstermäßig gut drauf, das Publikum tobte, und der Applaus war gewaltig.

Angenehm erschöpft packte ich danach alles wieder zusammen. Plötzlich hörte ich ein Geräusch und drehte mich um. Meine Assistentin Fixwienix stand vor mir. Sie schaute auf den Boden. Ich wartete. Ich hatte alle Zeit der Welt. Dann schaute sie auf, gab mir die Hand und flüsterte: «Danke.» Und im Umdrehen noch: «Danke, dass Sie mich ausgesucht haben.»

Etwas später kam der Lehrer, der mich gebucht hatte, und fragte, ob ich einen Kaffee oder Wasser oder Hilfe bräuchte. Brauchte ich nicht. Auch er bedankte sich bei mir und sagte: «Sie konnten ja nicht wissen, dass dieses Mädchen seit einem Jahr nicht mehr spricht. Aber alle Achtung! Es geht wohl auch so.»

Ja, alle Achtung. So kann es gehen.

Unsere Frauenpower war gewaltig. Wir interviewten F. Scott Fitzgerald, der den *Großen Gatsby* geschrieben hat. Der aber leider schon lange tot war. Uns machte das nix.

Herrgott noch mal

Das Bürgerradio war aufregend. Es war ein Abenteuer für uns Frauen. Wir lernten alles von der Pieke auf, sogar das Schneiden der Tonbänder, was verflixt schwer war. Heute geht das bestimmt alles über einen PC, aber wir waren noch richtige Handwerkerinnen. Eine kleine Gruppe hatte sich zusammengefunden und wollte auf Sendung. Und möglichst alles selbst machen, die Themen finden, das Skript schreiben, die Musik zusammenstellen, Außenaufnahmen, Interviews, das ganze Drum und Dran. Mit Frauenpower natürlich. Unsere Frauenpower war gewaltig. Wir interviewten F. Scott Fitzgerald, der den *Großen Gatsby* geschrieben hat. Der aber leider schon lange tot war. Uns machte das nix. Wir erfanden ein imaginäres Gespräch, wir entlarvten ihn als hemmungslosen Tagebuchräuber seiner schönen, hochbegabten Frau Zelda. Da schaute er dumm aus der Wäsche.

Und ich wollte natürlich eine Sendung über Engel, die ja irgendwann in meinem Leben gelandet waren. Ich wollte wissen, wie die Menschen in Gelsenkirchen so darüber dachten, ob es sie überhaupt noch gab in ihrem Leben.

Meine Freundin und ich nahmen das Aufnahmegerät, ein altmodisches, schweres Kassettenrekorderding und los ging's. Die Fußgängerzone in der Innenstadt musste es sein. Sie war voll mit Rentnern, müden Hausfrauen, ein paar kichernden Teenies, Hundeausführern, Obdachlosen, jungen Müttern mit Kinderwagen, mit türkischen Halbstarken, Frauen mit Kopftuch, eben voll das ganze Programm, wie der Gelsenkirchener es ausdrücken würde. Ich hatte mir ein paar Fragen ausgedacht, meine Freundin, die technisch nicht so eine Niete war wie ich, bediente das Aufnahmegerät.

Mit wem sollten wir anfangen? Wir befragten eine junge Frau, die mit Engeln nichts zu tun haben wollte, mit diesem bekloppten Kirchenquatsch. Na, das fing ja gut an. Dann kamen aber ein paar Reaktionen, die schon erfreulicher waren, letztendlich hatten wir eine ganze Menge unterschiedlichster Meinungen dazu im Kasten. Jetzt musste ein Kaffee her.

Im Café dann ein erstes Reinhören, was immer der schlimmste Moment war. Die eigene Stimme vom Band zu hören ist einfach schrecklich. Ich krümme mich jedes Mal und bin erschrocken, wie ich klinge. Aber nun kenne ich das ja schon.

Wir spulten zurück zum Anfang und hörten:

GAR NICHTS. Das Band war komplett stumm. Null. Nada. Nothing. Rien.

Wir schauten uns an. Genauso verstummt wie das Gerät. Ja, Herr im Himmel und Halleluja! Das war ja eine schöne Bescherung. Ich war meinen Engeln zum ersten Mal ernsthaft böse. Ich hätte sie schütteln können, dass ihre Federn nur so stoben. Wo waren sie überhaupt gerade? Machten sie ausgerechnet jetzt einen ihrer himmlischen Ausflüge nach Wasweißichwohin? Ich war richtig sauer. Ich war auf Tausend!

Aber das half auch nicht weiter. Nun gut, dann auf ein Neues.

Bevor wir loszogen, sprach ich mit ihnen. Zornig. Flehend. Bittend. Drohend. Und ein wenig schmeichelnd. Und dann wieder rein in die Fußgängerzone. Wen sollte ich wählen? Ein kleiner Junge mit einer riesigen Schultasche auf dem Rücken kam erschöpft von der Schule an uns vorbei. Irgendwas schubste mich zu ihm hin. Als ich ihn fragte, ob er was über Engel weiß, nickte er heftig. Er wusste auch sehr genau, wie sie aussehen: «Groß. Leuchtend. Sie haben immer ein langes Nachthemd an. Auch wenn sie nicht schlafen. Man darf ihre Füße nicht sehen.»

«Warum?», fragte ich.

Er hob die Schultern. Dann grinste er ein wenig. «Die haben keine Schuhe. Die haben bestimmt dreckige Füße, weil die doch auch mal landen müssen. Auch in Matsche und so.»

Das leuchtete ein. Und dann sagte er noch leise, bei seiner Mama sei immer ein besonders großer Engel. Weil die so lieb wäre. Und jetzt müsse er nach Hause.

Wir sahen uns stumm an, dieses Mal nicht erschrocken, sondern erleichtert. So eine interessante Antwort hatten wir vorher nicht bekommen. Und das Band hatte auch alles artig aufgenommen. Auf der Bank vor dem Kaufhaus saß ein alter Mann und stützte sich auf seinen Stock. Der sollte es sein. Als ich auf ihn zusteuerte, stand er auf und ging weg. Hinter der Bank stand ein wilder Punk, echte Sicherheitsnadeln durchs Ohrläppchen, fast kahl rasierter Schädel mit flammend rotem Mittelstreifen. Rabenflügel-schwarzer, langer Mantel. Etwas gruselig. Nun gut, dann eben weitergesucht. Aber wieder spürte ich ein starkes Geschobenwerden und bekam plötzlich so eine Ahnung. Sie waren wieder da. Sie flatterten heftigst um mich herum. Und um den punkigen jungen Mann auch. Aha, dachte ich und verstand. Als ich ihn fragte, ob er an Engel glaube, schaute er mich misstrauisch an. Er schätzte wohl ab, was für eine Type ich war. Mein Herz klopfte wild. Ich sah ihm eindringlich in die Augen. *Du bist okay*, dachte ich aus irgendeinem Grund immer wieder.

Plötzlich beugte er sich vor. «Ja, tu ich», sagte er. «Ich glaube an Engel. Hab vor 'nem Monat mein Auto zu Schrott gefahren, voll Fratze, die haben Stunden gebraucht, mich da rauszuschneiden. Da waren sie da. Hab sie gespürt. Und ich hatte nich' eine Beule, gar nix hab ich gehabt, nur voll gezittert, aber sie waren da. Viele. Es war ganz hell.»

«Du meinst, die anderen haben sie auch gesehen, deine Retter?», fragte ich.

«Ne», sagte er. «Ne, bestimmt nich'. Die waren voll beschäftigt. Aber bei mir war es hell. Irgendwie so komisch warm. Ich hatte kein' Schiss mehr, nur das große Flattern.» Er war still. «Können doch nur Engel gewesen sein», murmelte er noch.

Ich nickte heftig und bedankte mich bei ihm.

Da drehte er sich um und schlurfte weiter. Das rote Haar leuchtete. Prompt machte meine Fantasie einen Heiligenschein daraus.

Ich grinste meine Freundin an. Wir wussten Bescheid. Diese Beiträge waren um vieles besser als alles, was wir davor hatten. Und als auch noch ein türkischer Halbstarker meinte, irgendwie muss man doch daran glauben, weil ja dann alles viel besser wäre, hörte ich sie mit ihren Flügeln applaudieren. Danach sagte er verlegen zu seinem Kumpel, der feixend in einiger Entfernung auf ihn wartete: «Ey, Alter, die Tanten da wollten echt was über Engel wissen ... voll cool!» Und sie schlugen sich auf Kerle-Art auf die Schulter.

Im Studio waren die Tanten hellauf begeistert über die Antworten, die sauber und glasklar abgespeichert waren. Nun fehlte noch die Musik und das Interview mit einem alten Geistlichen und einer jungen Nonne. Dann gingen wir auf Sendung, Hosianna! Und bekamen eine Menge Anrufe. Damit hätten wir noch mindestens drei Sendungen füllen können.

Jajaja, natürlich habe ich mich bedankt. Das gehört sich doch wohl. Und natürlich haben wir nie herausgefunden, warum dieses Aufnahmegerät gestreikt hatte. Aber nun wussten wir es.

Ich bin fertig. Ich möchte
umfallen, in meinem Bett wieder
aufwachen, und Weihnachten ist
vorbei, Halleluja!

Oh wie lacht

Es würde kein fröhliches Weihnachtsfest werden – aber ich würde es überstehen, Besuche machen, leckere Sachen essen und ohne Ende alte Filme schauen, bei den kleinsten Kitschstellen grandios heulen und immerzu «Oh, ich Armearmearme!» seufzen. Dazu habe ich Talent. Aber erst einmal diese letzte Weihnachtstheatervorstellung hinter mich bringen in dem etwas abgetakelten Jugendhaus mitten im Ruhrpott im sozialen Brennpunkt.

Kindertheater zur Weihnachtszeit ist *in*. Nie, niemals wollte ich ein Weihnachtsstück machen, aber dann hatte ich mitten im Sommer eine geradezu geniale Idee für eine kleine, feine, märchenhafte Weihnachtsgeschichte, und schwupps – in drei Monaten war alles fertig, und ich war ausverkauft. Das hieß: Vier Wochen nonstop spielen, was meine miesen Finanzen rettete, mich aber so fertigmachte, dass ich von Weihnachten nichts mehr wissen wollte. Von meinem Stück auch nicht. Es hing mir zum Hals raus.

Nun, am 23. Dezember, ein letztes Mal. Die Räume viel zu eng, die Bühne hatte kaum Platz, aber die

Betreuer und die Kinder und Jugendlichen dort sind einzigartig, so richtige «Ruhrpott-Schätzekes», tatkräftig, humorvoll, laut. Ich bin Fan von ihnen. Und sie sind Fan von mir. Na Gott sei Dank!

In der Geschichte kommen zwei Engel vor, der Postengel und der Helferengel von Lucia, das bin ich. Die Geschichte heißt: *Der Weihnachtsmann ist eine Frau.* Nun, der Postengel war ein Winzling, gerade mal fünf, die Flügel hingen fast bis auf den Boden, und das weiße Nachthemd, sein himmlisches Gewand, schlabberte um seine Füße. Und dieser Engel wollte nichts weiter tun als die Flügel ausbreiten und mit Karacho um die Kulissen düsen. Als Assistenten wählte ich Lars aus, vierzehn Jahre, der das unbedingt wollte, trotz Sprachfehler, trotz Nachthemd. Das ging ihm bis an die Knie. Er wollte nicht fliegen, er wollte ernsthaft helfen.

Also gut, dann ab in die Wolkenkulisse und den Schlitten holen – da klingelte plötzlich ein Handy. Große Irritation im Himmel und auf Erden. Das Publikum schaute sich um, die Betreuer wurden unruhig, und ich dachte: Na klasse, so was musste ja mal kommen!

Da schiebt der himmlische Helfer Lars sein Gewand hoch, greift in seine Jeans, holt sein Handy heraus und sagt: «Ne, Mama, jetz nich'. Sp-sp-später! Bin gerade Engel!» Und macht es wieder aus.

Weiter geht's. Ich halte durch, ich kürze an keiner der möglichen Stellen, die Kinder spielen mit Leib und Seele, ich auch. Als es zu Ende ist, schwimme ich in meinem Weihnachtsfraukostüm: schwerer roter Samt für Jacke, Rock und Mütze. Dazu Stiefel. Und jetzt noch eine gute Stunde alles abbauen, einpacken, zum Auto tragen ...

Ich bin fertig. Ich möchte umfallen, in meinem Bett wieder aufwachen, und Weihnachten ist vorbei, Halleluja!

Aber nix da! Einen Raum weiter wartet noch eine Weihnachtsfeier, liebevoll und wunderbar gemütlich ausgerichtet und auf Wunsch der Kinder mit Pommes und Würstchen. Man riecht es schon. Aber es wird noch dauern, da auch die Küchenfrauen zugeschaut haben. Ich packe ein, etwa siebentausend Requisiten, und die Kinder bleiben einfach sitzen und schauen zu. Sie wollen helfen, aber das geht nicht. Viel zu viele Erklärungen wären nötig. Ich wäre jetzt gerne allein und merke, wie meine Erschöpfung beginnt, in Gereiztheit umzuschlagen. Die Kinder in dem engen Raum tuscheln, ich höre sie Stühle verrücken, dann ist es still.

Ich schaue über meine Pappwolke, da sitzen sie und strahlen mich an. Der große Engel Lars hat den kleinen Engel auf dem Schoß, der hat den Daumen im Mund, die anderen sind nah zusammengerutscht und lehnen sich aneinander.

Und dann singen sie. Sie singen mir alle Weihnachtslieder vor, die sie kennen, manchmal krumm und schief, manchmal zum Heulen schön. Ich werde ganz ruhig, lösche die Scheinwerfer, setze mich vor die Wolken und höre zu.

Die Kerzen im Zuschauerraum flackern. Die Zeit verrutscht. Weihnachten findet dieses Jahr einen Tag früher statt. Und es ist, was es ist und was es immer sein sollte: Liebe. Und Frieden.

Mein Kater Oskar sprang auf meinen Schoß und rollte sich dort zusammen. Sein Schnurren und die Sanftheit des Kerzenlichts halfen mir, mich in die Erinnerungen an meine Mutter sinken zu lassen, als die ersten Töne mein Herz zerschnitten.

Zurückgeschwommen

An einem 9. März ist meine Mutter mit 49 Jahren gestorben. Das ist schon sehr lange her.* Doch jedes Jahr aufs Neue holt mich dieser Tag ein. Aber an einem besonderen 9. März mischte sich in die Trauer eine diffuse Angst, würde doch auch ich nun 49 Jahre alt werden. Die Beziehung zu meiner Mutter war immer sehr schwierig gewesen, bis ich, kurz vor ihrem Tod, meinen Frieden mit ihr machen konnte. Ich weiß nicht mehr, was geschehen war, dass sich meine Angst vor ihr in dem Erkennen ihres unglücklichen Lebens auflöste und ich alle ihre «Fehler» plötzlich verstehen und verzeihen konnte. Noch heute begreife ich dieses Geschehnis als Befreiung, als einen großen Segen, für den ich dankbar bin.

An dem 9. März in jenem Jahr, in dem sich nun mein 49. Geburtstag näherte, kam ich von einer ausgesprochen anstrengenden Kindertheatervorstellung aus dem tiefsten Sauerland zurück, man hatte doppelt so viele Kinder wie abgesprochen in den tris-

---

* Meine Mutter ist am 9. März 1969 gestorben, ich war zwanzig Jahre alt.

ten Saal des Gemeindehauses gequetscht – und wir hatten kämpfen müssen. Nun, es war zu einem Sieg geworden. Ein Sieg, dem große Erschöpfung folgte.

Später saß ich, immer noch angespannt, in meinem Ungetüm von Sessel, die Dämmerung wuchs bereits ums Haus, und die Schatten der Bäume tanzten im Abendlicht über die Wände. Ich zündete eine Kerze an und legte die Kassette in den Rekorder, die mir mein Theaterkumpel beim Abschied gegeben hatte. «Wird dir gefallen ...», hatte er gemurmelt. Er war gerade auf dem «Esotrip», liebte Tarotkarten, befragte die Sterne, hörte New-Age-Musik und trieb immer die seltsamsten Sachen auf. Er hatte es mühelos geschafft, mich damit anzustecken. Für solche Dinge konnte man mich schon immer begeistern.

Ich war gespannt. Mein Kater Oskar sprang auf meinen Schoß und rollte sich dort zusammen. Sein Schnurren und die Sanftheit des Kerzenlichts halfen mir, mich in die Erinnerungen an meine Mutter sinken zu lassen, als die ersten Töne mein Herz zerschnitten. Oskar schrak auf, legte seine Ohren weit zurück und lauschte genauso aufgewühlt und irritiert wie ich. Mächtige Gewässer stürzten hinter meine Augen und wälzten sich in jede Zelle. Tränen strömten über mein Gesicht, und ein tiefer Schmerz füllte meinen Körper, der sich krümmte. Ich glitt mit einem seltsamen Vertrauen in diesen Schmerz, war er doch ein alter Bekannter aus alten Zeiten.

Oskar entspannte sich, aber seine Ohren blieben konzentriert. Bilder platzten in meinem Kopf, ich trieb in wilden Meeren über Untiefen und seltsam schaukelnden Gewächsen. Die Töne wuchsen in mich hinein, sie kommunizierten miteinander, sie sprachen mit dem Wasser, mit mir, mit meiner Unruhe, mit meiner Angst und meiner Nichtangst. Ich sah mich selbst als Embryo, ich fühlte die unsägliche Sorge meiner Mutter um mich, das zweite Kind. Das erste hatte sie direkt nach der Geburt verloren. Ich weinte alle Tränen des Verlustes – um meine Mutter, um meinen toten Bruder, um mich, um allen Kummer der Welt.

Ich weinte ohne Ende. Diese eindringlichen Töne zerrissen mich fast, aber sie trieben mich auch immer wieder in einen geschützten Raum, um den ich mit großer Gewissheit wusste. Ich war in meiner Mutter, meine Mutter war vollkommen um mich herum, ich spürte ihre Nöte, ihre Verzweiflung. Und ihre Liebe. Die Töne drückten mich tief in meine Erinnerungen, ich wurde mein kleines, wissendes Selbst, unversehrt und vollkommen geborgen.

Als mich das Ende der Kassette mit einem lauten Klack zurückholte – die Tränen flossen immer noch –, begriff ich, dass nur eine Zeitstunde vergangen war, ich aber in einem unendlichen Augenblick der Ewigkeit verweilt hatte. Die Walgesänge hatten mich in das Urgewässer der Schöpfung mitgenommen. Und ein tiefer Schmerz hatte Heilung erfahren.

Ich schob die Kassette in den Rekorder des alten, klapprigen Busses, rannte zur Hängematte in den Schatten, machte es mir bequem, schloss die Augen, und nun tanzten die grüngoldblauen Flecken hinter meinen Lidern.

Mehr als ein Flügel

Ich konnte einfach keine Heuschrecke sein. Oder ein Kamel. Und das vor allen Augen und auf der Bühne. Ich war erbärmlich. Aber noch erbärmlicher war meine Angst, mich vor den vielen Menschen zu zeigen, die besessen davon waren, Schauspieler zu werden und sich auszudrücken. Hemmungslos. Begeistert. Ich wusste einfach, ich konnte mit ihnen nicht mithalten. Meine Angst und ich waren eine schreckliche Blamage. Dieser Workshop war eine einzige Katastrophe, und ich beschloss schon nach dem ersten Tag, auszusteigen. Ich wollte die spanische Gegend um dieses schöne Seminarhaus erforschen, ich wollte mit dem Rad zum nahen See fahren, ich wollte den Pinienduft riechen und die Farben einsaugen. Und ich wollte keine weitere Übung vor den Augen der jungen, stolzen, theatersüchtigen Leute aus aller Welt. Draußen wartete der Sommer, meine kleine Schreibmaschine, meine erste richtige Kurzgeschichte, der grüngoldene Schatten über und unter meiner Hängematte neben meinem Campingbus. Mein Freund machte weiter. Ich sagte Nein (auf Spanisch). Ich war nicht mehr dabei. Ich durfte wieder leben.

Ich schrieb und träumte und schrieb, ich entdeckte, dass die kleine Nachtratte, die mich immer mit ihrem Rascheln unterhielt, Tomatenstückchen liebte, ich hörte den Grillen zu und träumte und schrieb.

Und dann, irgendwann, war es immer Zeit für das fünfte Klavierkonzert von Beethoven. Nach meinem entschiedenen Nein war genau der richtige, der perfekte, der einzig stimmige Moment dafür gekommen.

Ich schob die Kassette in den Rekorder des alten, klapprigen Busses, rannte zur Hängematte in den Schatten, machte es mir bequem, schloss die Augen, und nun tanzten die grüngoldblauen Flecken hinter meinen Lidern. Die Pinien dufteten, die Grillen tobten, der Sommer war eine einzige Pracht. Mein Zitterherz war dabei, sich zu erholen.

Da erklang der erste Ton. Ich zuckte zusammen, wie immer. Die Grillen verstummten schlagartig. ALLE! Die Musik bekam Knospen, sie wuchs, sie blühte auf, und dann kam diese wunderbare Stelle, wo das Orchester mit voller Wucht das Leben begrüßt. Und die Grillen, diese abertausend versteckten Musikanten, begriffen. ALLE! Das war ihr Einsatz. Sie legten sich ins Zeug, sie fiedelten, sie strichen über Beinchen und Flügel, sie liebten jeden einzelnen Ton, sie liebten ihre menschlichen Kollegen, sie liebten Beethoven. Und genau mit dem letzten Ton verstummten sie, atemlos wie ich.

Und ich lag da und war leer und voll gleichzeitig und traute dem nicht so recht, was ich da gerade erlebt hatte. Und die Grillen sagten keinen Mucks.

Benommen schlich ich zum Auto, spulte zurück, drückte auf Play und rannte los, zurück zur Hängematte, zurück zum Wunder. Einige Grillen hatten sehr zaghaft begonnen zu kommunizieren, aber als die Musik begann, war es um mich herum wieder schlagartig mucksmäuschenstill. Das Orchester sammelte sich.

Es schwang sich ein, es lauschte. Aber dann. Ganz genau, ganz wunderbar exakt setzten sie ein. Taktgenau bei dieser großartigen Stelle, die immer das Herz wegträgt an den geheimen Ort, an dem die Musik ein blühender Garten ist. Mit Grillen darin. Mit einer Hängematte und einem alten, rostigen Campingbus unter Pinien. Mit dem Tingeltangel eines wilden Sommers und mit jubelnden Musikanten. Die gerade Beethoven entdeckten. Oder nein, die Beethoven längst kannten, die Beethoven verstanden, ihn mit Herz, Bein und Flügel umarmten und es schon immer gewusst haben: Musik ist Leben. Leben ist Musik. Alles schwingt.

Und immer mal wieder habe ich in meiner Zeit dort in Spanien Beethoven mit meinen Grillen geteilt. Und immer wieder waren sie hingerissen.

Ich auch. Von Beethovens fünftem Klavierkonzert. Mit mehr als einem Flügel.

Plötzlich erklang von irgendwoher eine aufreizende
Flamenco-Musik, und wir folgten
ihr. Auf einer hohen Bühne ein
Mann und eine Frau. Sie tanzten
umeinander, dass einem die
Spucke wegblieb.

Sie hieß Carmen.
Irgendwie.

Es war ein wunderschöner Sommertag. Unsere kleine Theatertruppe hatte einen Haufen Blagen in einem blauen, goldgesternten Theaterzelt beglückt, das mitten im Parkfestival von Waltrop auf den überfüllten Wiesen trotz allem einen ruhigen Ort gefunden hatte. Es war nun vorbei, wir verkauften noch einige unserer knallbunten Theaterplakate, sie hingen wohl schon in einigen Kinderzimmern im Ruhrpott, wir luden alles in unseren alten Bus und machten uns auf, das Fest zu genießen.

Überall kleine Bühnen mit Bands, junge Künstler jonglierten, spuckten Feuer, waren außer Rand und Band, es roch nach Reibeplätzchen, Bratwurst, gebrannten Mandeln, nach den rot glasierten Zuckeräpfeln, und die Bierstände waren überfüllt. Viel Gelächter war zu hören, die Stimmung war überschäumend.

Plötzlich erklang von irgendwoher eine aufreizende Flamenco-Musik, und wir folgten ihr. Auf einer hohen Bühne ein Mann und eine Frau. Sie tanzten umeinander, dass einem die Spucke wegblieb. Der Mann war hochgewachsen, trug eine weiße Schärpe um die Taille und war so aufreizend sinnlich, dass mein Blut in Wallung geriet und ich ihm bis ans Ende der Welt gefolgt wäre. Meine beiden Theaterkumpel wurden auf der Stelle stocksauer. Kerle eben. Die schwarzhaarige Frau, die er mit gewaltiger Grazie und Leidenschaft umgockelte, war so wunderschön, dass ich wusste, ich würde sowieso niemals ein Fitzelchen von einer Chance haben. Ein tiefer Seufzer. Meine beiden Begleiter bekamen große Augen. Ha! Wir blieben eine Weile stehen, dann zog es uns weiter, aber ich musste mich immer wieder nach diesem spanischen Gott umschauen.

Plötzlich wurde es ruhiger, wir kamen an einer kleinen Wiese vorbei, auf der nur ein, zwei, drei Wagen standen, einer kunterbunt angestrichen, sodass ich sofort ganz sehnsüchtig wurde. In genau so einem Wagen hatte ich als Kind immer wohnen wollen. Allein natürlich. Keine Erwachsenen weit und breit. Und ein Zauberpferd, so eins, wie Pippi Langstrumpf es hatte, hätte ihn überall hingezogen. Am liebsten in eine der drei Landschaften, die ich nur von Bildern kannte. Entweder in die blühende Heide im Abendrot (kitschig, kitschig, aber ich habe eine

Schwäche dafür) oder zu einem der vielen stillen, grüngold umlaubten Spreewaldkanäle. Oder in den Garten Gethsemane, der in unserem Religionsbuch abgebildet war, sehr südlich, sehr magisch. In diese Bilder konnte ich mich hineinträumen und in ihrem Frieden verschwinden.

Diese kleine Wiese hatte auch einen ganz eigenen, verwunschenen Frieden. Ein Einhorn hätte dort gut unter einem der hohen Bäume grasen können. Die Wohnwagentür öffnete sich, und eine Frau trat heraus. Sie lehnte sich in den Türrahmen und schaute in den Himmel. Sie war genauso farbenprächtig wie ihr Wagen. Das schwarze Haar hatte sie mit einem feuerroten Band hochgebunden, sie trug etwas Carmen-Ähnliches, einen weiten Rüschenrock, eine tief ausgeschnittene, weiße Bluse. Sie hätte die ältere Schwester der Flamenco-Schönheit sein können.

Ich konnte meine Augen nicht abwenden. Sie schaute plötzlich in meine Richtung, unsere Blicke verhakelten sich eine Weile, sie lächelte mich an und machte eine einladende Handbewegung. Ich wollte sofort zu ihr hin, aber meine Begleiter machten eine abfällige Bemerkung, das sei doch auch nur wieder so eine, die mit Wahrsagerei die Leute anschmierte.

Hä? Wahrsagerin? Ja, tatsächlich, auf dem Wagen prangte eine Ankündigung:

Lucilla, Wahrsagerin.
Erfahren Sie hier,
was das Schicksal für Sie bereithält.

Nun, ich hätte sie lieber Carmen genannt. Und ich hätte sie jetzt sofort aufgesucht, wenn, ja wenn ich mich getraut hätte. Die blöden Bemerkungen meiner Kumpel ließen mich zögern. Ich ging mit ihnen weiter. Als ich mich noch einmal umdrehte, schaute sie mir sehr eindringlich hinterher. Ich fühlte einen kleinen Schmerz in mir. Ich wollte zurück.

Und ja, ich tat es. Als meine Jungs sich zum Bierstand drängelten, drängelte ich mich unauffällig und schnell von ihnen fort, zurück auf diese Wiese, zurück zu ihr. Ich ging mit festen Schritten auf den bunten Wagen zu. Dort stand Carmen. Sie lachte, dass ihr üppiger Busen bebte. Ich lachte verlegen mit. Sie zeigte ins Wageninnere, ich folgte ihr hinein, und sie schloss die Tür.

Es war dämmrig hier drin, die Vorhänge waren zugezogen. Wunderbare Stoffe verkleideten die Wände, weiche Kissen überall. Aber weit und breit keine Kristallkugel, keine schwarze Katze und keine Kerze

186

in einem Totenkopf. Nur ein mir fremder, würziger Geruch hing in der Luft. Eine Schale mit Rosen stand auf dem Boden zwischen den Kissen. In einer Ecke ein Lehnstuhl, mit einer Samtdecke, und ein Hocker. Vielleicht für ältere Kundschaft, die sich schwertat, auf dem Boden Platz zu nehmen.

Als wir uns gegenübersaßen, wurde ich doch ein wenig unruhig. Was, wenn sie mir nun schlimme Dinge prophezeite, Krankheit, Verlust, Armut? Aber ihr Lächeln war beruhigend. Ich musste ihr meine linke Hand reichen. Warum nicht die rechte?

«Du bist Linkshänderin», sagte sie mit einem mir fremden Akzent.

Ach, du dicke Makrele, ja, das war ich! Jetzt nicht mehr, man hatte es mir als Kind ausgetrieben, aber ich war es.

«Du musst schreiben», sagte sie.

Ich flüsterte: «Das tue ich doch schon.» Ich schrieb ja alle unsere Theaterstücke.

Sie schwieg eine Weile. Sie schüttelte den Kopf. «Nein», sagte sie. «Bücher.» Sie schaute in meine Hand. «Ich sehe Kinder», sagte sie leise.

Na, dachte ich, da liegt sie aber jetzt voll daneben. Ich habe keine. Und werde auch keine mehr bekommen.

Sie las meine Gedanken. «Nein, keine Kinder für dich. Kinder für die Bücher.»

O ja, bitte, bitte, lieber Gott, dachte ich jetzt voller Freude, lass sie recht haben. Zwei, drei Manuskripte hatte ich schon verschickt, sie waren alle wieder zurückgekommen. Und ich sollte tatsächlich noch viele Jahre warten, bis es diese Bücher gab. In echt. Gedruckt. Gelesen. Von Kindern und Erwachsenen.

«Und», sagte sie, «du wirst allein sein. Das wird dir guttun. Und du kannst das. Das kannst du gut.»

Ach, du heiliger Wolkenbruch! Ich musste schlucken. Tränen schossen mir in die Augen. Wusste ich doch schon lange, dass diese Beziehung mit meinem Theaterkollegen gerade dabei war, sich zu verabschieden. Ich hatte Angst. Und ich hatte keine Angst. Ich wusste sehr klar um meine Fähigkeit, es gut mit mir allein zu haben. Aber würde ich auch allein meinen Lebensunterhalt verdienen können?

«Du wirst», sagte sie sehr bestimmt. «Und du solltest reisen. An schöne Orte. Schöne Orte tun dir gut.»

Na ja, das war nun eine Allerweltsweisheit. Und doch. Sie traf meinen innersten Kern.

Seltsam ruhig und irgendwie befreit verließ ich sie später und ein halbes Jahr darauf meinen Partner.

Das war nicht schlimm, wir hatten es beide gewusst. Und ich bin viel gereist. Tue es heute noch gerne. Und die schöne Landschaft um die Schlei hat mich in ihre sanften Arme genommen. Hier habe ich nun mein Schreibparadies. Das Theater, das ich ein paar Jahre ganz allein weitergemacht hatte, verabschiedete sich. Und die Bücher kamen tatsächlich in mein Leben. Sie sorgen für mich. Zusammen mit meinen vielen Lesungen und Seminaren. Ich bin schon lange ein Ein-Frau-Betrieb.

Ich hatte üppige Zeiten, ich hatte karge Zeiten, aber ich hatte immer genug.

Oft, wenn ich über eine verwunschene Wiese gehe, denke ich an sie. Ich nenne sie immer Carmen. Sie lächelt: Das ist in Ordnung.

Verlag Freies Geistesleben
Bücher für den Wandel des Menschen